# RELATION

DE

## LA SURPRISE

# DE BERG-OP-ZOOM,

Le 8 et le 9 Mars 1814.

DE L'IMPRIMERIE DE DEMONVILLE.

# RELATION

## DE

## LA SURPRISE

# DE BERG-OP-ZOOM,

## Le 8 et le 9 Mars 1814,

Avec un Précis du Blocus et des Événemens qui l'ont amené, précédée d'une Notice Historique et Topographique Militaire, et d'un Plan-Croquis.

### Par le Chevalier LEGRAND,

Colonel au Corps Royal du Génie, Directeur des fortifications, Commandant de la Légion d'Honneur, Chevalier de l'Ordre Royal et Militaire de Saint-Louis, de Saint-Henri de Saxe, etc.

## A PARIS,

Chez MAGIMEL, ANSELIN ET POCHARD,
LIBRAIRES POUR L'ART MILITAIRE, RUE DAUPHINE, N°. 9.

1816.

# AVANT-PROPOS.

Une garnison composée de nouvelles levées est chargée de défendre une forteresse étrangère d'un développement trop considérable pour le nombre d'hommes qui la composent ; elle y est surprise de nuit par les troupes d'une Nation célèbre par sa valeur ; les Assiégeans, guidés par les habitans de cette ville, s'emparent en force des deux tiers des remparts et de la moitié des maisons et des rues ; les Assiégés, attaqués intérieurement et extérieurement, et entourés de tous côtés, se défendent d'abord avec courage, et reprennent ensuite une offensive combinée ; ils parviennent, après douze heures consécutives de combat,

et après avoir détruit une partie des assaillans, non à chasser de la ville ceux
qui ont encore les armes à la main,
comme l'histoire en fournit des exemples, mais, au contraire, à les empêcher
pour la plupart d'en sortir, et à leur
faire mettre bas les armes pour éviter
une mort certaine. Les assiégés font ca-
pituler dans leur ville les assiégeans; ils
font plus, ils forcent ceux qui ont pu
fuir de la ville à y rentrer, et ceux qui
n'ont pu y pénétrer, à venir s'y rendre
à discrétion, et finissent par réunir plus
de prisonniers de guerre qu'ils ne sont
eux-mêmes de combattans : voilà ce qui
s'est passé le 8 et le 9 mars 1814, à Berg-
op-Zoom.

Pour que l'histoire raconte un jour
un fait d'armes aussi extraordinaire, il
ne suffit pas qu'il soit vrai, il faut qu'il
soit vraisemblable; or, il ne l'est pas, et

il ne peut l'être que par une relation qui entre dans les détails des différens combats, et qui fasse connoître les causes et les moyens qui ont amené cet incroyable résultat.

Pour l'expliquer, il n'y a pas d'absurdités qui n'aient dans le temps été débitées, et imprimées en Hollande et dans les Pays-Bas, et répétées dans les autres journaux étrangers. Ainsi on a dit que la garnison de Berg-op-Zoom, instruite du jour et de l'heure de la surprise, avoit à dessein laissé entrer les Anglais dans ses murs, pour ensuite les exterminer; comme si, en pareil cas, on attendoit pour agir que l'ennemi fût entré en plus grand nombre que soi dans une ville étrangère, où les habitans étoient les alliés des assiégeans, et ont été leurs guides; comme si on attendoit, pour se servir de moyens préparés à l'avance,

que les assaillans fussent maîtres de plus
de la moitié des fortifications, des maisons et des rues, de tout l'arsenal, de la
plupart des magasins, et de toutes les
clefs de ceux à poudre, jusqu'à manquer
soi-même de cartouches au fort de l'action; comme si enfin, après avoir fait
tomber de nuit son ennemi dans une
telle embuscade, il falloit douze heures
de combats, et attendre au lendemain
pour en assurer en plein jour le succès.
Oui, sans doute, on a parlé d'attaque à
Berg-op-Zoom dans la journée du 8 mars;
mais il n'en a pas été question ce jour-là
plus que les jours précédens : on disoit,
depuis que nos fossés étoient gelés, que
l'ennemi vouloit nous surprendre; il ne
pouvoit, en effet, tant que le froid dureroit, nous attaquer autrement; aussi
toutes nos dispositions, mais seulement
d'une manière générale, tendoient de-

puis long-temps à nous mettre en mesure contre une surprise. Si l'on a dit le 8 mars, dans la ville, que nous devions être attaqués la nuit suivante, la vérité est qu'aucun Français n'a cru que nous le serions plus que toute autre nuit, et que pas une disposition particulière n'a été ajoutée dans cette journée du 8 aux dispositions générales en exécution depuis deux mois.

Il n'étoit pas moins absurde de dire, comme on l'a dit, que les troupes d'une nation belliqueuse, que le premier régiment des gardes anglaises, que des corps qui arrivoient vainqueurs d'Espagne, entr'autres les mêmes qui avoient pris d'assaut Badajoz, s'étoient *mollement battus*, lorsque rien ne pouvoit être comparé à la vigueur de leur première attaque, lorsque les trois cinquièmes des soldats qui composoient leurs quatre colonnes d'attaque, deux généraux sur trois, et la plupart des officiers, surtout des officiers supérieurs, s'étoient fait tuer, et lorsque la plus grande partie des prisonniers étoient blessés.

Sans doute les Anglais ont fait des fautes; mais nous, assiégés n'en avons-nous fait aucune? Nous avons eu chacun de notre côté, pendant douze heures de combats, des chances particulières très-favorables, et d'autres très-malheureuses. Jusqu'à quel point les assiégeans et les assiégés ont-ils profité des unes et évité les autres? C'est ce qui ne peut être connu et apprécié que par une relation; or, il n'en a point paru. Aucun rapport français n'a même été publié jusqu'à ce jour. Enfermés dans Berg-op-Zoom, après comme avant cette affaire, nous ne pûmes faire passer de rapport au gouvernement qu'après avoir évacué cette place, en vertu de la convention du 23 avril. Alors, comme aujourd'hui, un fait d'armes isolé, quelque extraordinaire qu'il fût, ne pouvoit plus inspirer un grand intérêt. Le seul rapport imprimé dans le temps, qui mérite ce nom, fut celui que le général Graham, qui commandoit en chef l'armée anglaise, fit à son gouvernement le lendemain de cette affaire, le 10 mars, et qui fut traduit et imprimé dans le Moniteur du 22 du même mois. Il commence par ces mots : *Milord, j'ai la douleur d'annoncer à V. S. qu'une attaque sur Berg-op-Zoom, qui sembloit d'abord promettre un plein succès, a occasionné une grande perte à la première division, et à la brigade du général Goore.* Le Général anglais termine ainsi sa dépêche : *V. S. croira aisément que, malgré qu'il me soit impossible de ne pas être sensible à notre mauvais succès dans cette affaire, je ne puis songer à présent qu'au profond chagrin que me cause la perte d'un si grand nombre de mes braves camarades.* On trouvera ce rapport à la suite de cette Relation (*a*). On y voit que le général Graham n'avoit pu recueillir encore tous les renseignemens nécessaires de la part du général Cooke ni de ses officiers, qui alors étoient encore détenus à Berg-op-Zoom; qu'il ignoroit, ou qu'il vouloit taire différentes particularités, et qu'il met, dans l'exposé des moyens d'attaque et de défense réciproque, une discrétion que lui prescrivoient les circonstances au moment où il écrivoit. Cependant nous n'hésitons pas à déclarer que, de tous les rapports officiels que nous avons lus sur des affaires où nous nous sommes trouvés, celui du Général en chef anglais est un des plus vrais. Il fit une sensation prodigieuse en Angleterre et chez l'Étranger; il n'en fit presque aucune en France : le Moniteur et les autres journaux n'étoient point, à l'époque du 22 mars 1814, distribués dans les trois-quarts des départemens, alors envahis par les Alliés; quand le contraire eût eu lieu, une affaire particulière parmi tant d'autres, sur un sol étranger et éloigné, et qui n'avoit qu'une influence peu marquée sur le résultat de l'affaire générale qui occupoit l'Europe entière, ne pouvoit attirer que foiblement l'attention des Français, absorbée par les événemens qui se passoient sous leurs yeux et sur leur propre sol, et à la veille du dénouement heureux et pacifique de la plus longue et de la plus sanglante des tragédies.

Mais quand ce rapport seroit encore plus exact, il ne pouvoit entrer dans le détail des causes et des moyens : un rapport officiel n'est ni ne peut être une relation. On a reproché à M. Beauchamp de n'avoir point parlé, dans son Histoire de la campagne de 1814, de l'affaire de Berg-op-Zoom : on ne rapporte pas un fait aussi extraordinaire sans preuves; on n'écrit point une histoire sans matériaux : or, nous ignorons où M. Beauchamp et tout autre historien auroit pu les trouver, pour raconter cet événement avec quelque vraisemblance et quelque exactitude. Ce sont ces matériaux que nous donnons ici.

Cette relation est la même, pour le fond et pour la forme, que celle que nous avions écrite à Berg-op-Zoom immédiatement après l'événement (b). Nous avions pensé alors, et nous le pensons encore aujourd'hui, qu'elle devoit être accompagnée non seulement d'un Plan-croquis, mais encore d'une description de la ville, de ses fortifications et de ses environs. Une forteresse, surtout comme Berg-op-Zoom, d'un développement immense, située partie sur un terrain sec, partie sur l'eau, où aucun front de la fortification ni aucune rue ne se ressemblent, est le champ de bataille le plus varié qu'il puisse y avoir. Or, comment faire connoître une action très-compliquée, et surtout comment mettra-t-on à portée de la juger, si l'on ne fait pas connoître en même temps le théâtre où elle a eu lieu? La partie historique des fortifications et des événemens militaires arrivés dans cette ville, qui précède la partie topographique, n'est qu'un accessoire; mais nous avons pensé qu'on nous pardonneroit, quand il s'agit d'une surprise, de rappeler moins des siéges que tout le monde sait avoir été sans succès avant 1747, que d'autres surprises qui ont eu lieu en plus grand nombre dans cette même forteresse que dans aucune autre connue, avec cette particularité bien remarquable, c'est que jamais ses fortifications ne l'ont empêchée une seule fois d'être surprise, et que toujours le courage des défenseurs a rendu ces surprises inutiles, excepté par les Français commandés par M. de Lowendal.

Au reste, si ces rapprochemens et ces descriptions sont nécessaires aux yeux d'un petit nombre de militaires, et seulement quand il s'agit, comme ici, de matériaux historiques, ils sont peu du goût de la plupart des lecteurs. Ceux-ci se dispenseront donc de lire cette Notice historique et topographique militaire, et passeront de suite à la Relation.

# NOTICE

## HISTORIQUE

## ET TOPOGRAPHIQUE MILITAIRE

SUR

# BERG-OP-ZOOM

## ET SUR SES ENVIRONS.

## *PARTIE HISTORIQUE.*

Ce n'est que de l'époque de la submersion de Roomerswal et de plusieurs autres villes et villages du Sud-Beveland, le 5 novembre 1530, que les historiens de Berg-op-Zoom font dater l'importance de cette ville. Celle que donne le commerce, quoi qu'ils en disent, n'y a jamais été très-considérable, et la seule qui ne lui soit pas contestée, est l'importance militaire qu'elle acquit peu d'années après cette terrible catastrophe, et qu'elle a encore aujourd'hui. Son importance, d'après sa position parmi les villes maritimes du Brabant et de la Zéelande, et par la nature de son port, ne pouvoit dater et ne date en effet que du moment où la Hollande a commencé à compter parmi les nations. Berg-op-Zoom devint alors, pour les Hollandais, une tête de pont sur le continent, placée de la manière la plus heureuse : elle leur donnoit la facilité d'y arriver par terre à travers le Brabant, et par mer de la Zéelande; de prendre l'offensive, dès qu'ils étoient en force, pour se porter dans les Pays-Bas contre les Espagnols, et de se retirer dès qu'ils étoient les plus foibles : aussi employèrent-ils tous leurs efforts à s'en emparer, et pendant une longue suite d'années, pour s'y maintenir, tout ce que les richesses peuvent procurer de moyens défensifs, et en ajouter au courage et à l'industrie.

Les habitans s'unissent aux Hollandais.

Elle avoit été érigée en marquisat avec les environs, par les ducs de Brabant, dont elle faisoit partie. Marguerite de Parme, gouvernante des Pays-Bas, confisqua, au nom du roi d'Espagne, le marquisat en 1568. Guillaume I<sup>er</sup>, prince d'Orange, s'en rendit maître par la simple persuasion : il engagea les habitans à unir leur sort à celui des Hollandais, ce qu'ils firent par le traité connu sous le nom de *Pacification de Gand*, le 8 novembre 1576.

Elle est fortifiée en 1577.

Les Etats-Généraux s'empressèrent de la faire fortifier l'année suivante.

Première Surprise.

Pendant que les habitans faisoient cause commune avec la République naissante, le marquis de Berg-op-Zoom étoit dévoué au roi d'Espagne. Il fut chassé de la ville, dont les députés signèrent, le 3 janvier 1579, la fameuse union d'Utrecht, qui établit les premiers fondemens de la République hollandaise.

Les Espagnols voulurent, en 1581, surprendre Berg-op-Zoom : ils se conduisirent avec tant de secret et d'adresse, qu'ils étoient déjà dans l'intérieur de la place, lorsque les seuls habitans tombèrent sur eux et les en chassèrent.

Les biens du marquis de Berg-op-Zoom furent confisqués par les Etats-Généraux, qui les donnèrent, avec le titre de marquis, au prince d'Orange. *Le domaine passe en différentes mains ; la souveraineté reste aux Hollandais.* Ce titre et les biens passèrent depuis dans la maison d'Aremberg, revinrent à la maison d'Orange, retournèrent à celle de la Tour-d'Auvergne, et échurent enfin, par un mariage d'une princesse de cette maison, à l'électeur Palatin, qui les possédoit encore avant la révolution française ; mais la souveraineté resta toujours à la Hollande.

Ce qui n'avoit pas réussi aux Espagnols par surprise, ils le tentèrent par la force : le prince Alexandre de Parme, à la tête de trente mille hommes, *Premier Siége.* vint faire le siége de Berg-op-Zoom au mois de septembre 1588 ; mais il fut obligé de le lever le 12 novembre de la même année.

Neuf ans après, en 1597, Don Juan d'Autriche *Deuxième Surprise.* tâcha de nouveau de la surprendre avec *trois mille hommes de pied et dix cornettes de cavalerie ;* mais la vigilance du gouverneur et le courage des habitans déconcertèrent le projet de l'archiduc, qui perdit la plus grande partie de ses troupes dans une retraite précipitée.

*Troisième, quatrième et cinquième Surprises.* Le même prince tenta encore de surprendre la ville en 1602. Cette deuxième entreprise ne lui réussit pas mieux que la précédente; mais il ne se rebuta pas : le 25 août 1605, et le 19 septembre de la même année, c'est-à-dire deux fois dans l'espace de moins d'un mois, il renouvela ses coups de main. Il escalada les fortifications, fit en même temps pétarder les portes, et pénétra chaque fois, à la tête des Espagnols, dans l'intérieur de la ville jusqu'à la grande place, et deux fois le gouverneur, à la tête des braves et seuls habitans, lui arracha une victoire qui paroissoit certaine. Le prince eut lui-même bien de la peine à échapper au danger d'être pris.

*Deuxième Siége.* Les Espagnols, voulant avoir à tout prix une place de cette importance, rassemblèrent une grande armée, et en donnèrent le commandement au marquis de Spinola, qui vint en faire le siége en 1622 ; mais il ne réussit pas mieux que le duc de Parme dans un siége en règle, ni que l'archiduc dans ses fréquens coups de main : il fut obligé de lever le siége après une perte de dix mille hommes.

*Tentative d'une sixième Surprise.* En 1628, les Hollandais firent construire le camp retranché au midi, tel qu'il est aujourd'hui. Il étoit à peine achevé, que les Espagnols l'attaquèrent ; ils espéroient qu'après s'en être emparés, ils pourroient de là pénétrer aisément dans la ville, où ils avoient des intelligences ; mais la conspiration fut découverte, les traîtres furent arrêtés, et les Espagnols obligés d'abandonner leur projet.

C'est dans la même année que les Etats-Généraux, au moyen des marais qui sont entre Steenberg et Berg-op-Zoom, firent réunir dans un même système de défense ces deux places, et construire, dans le même but, trois forts détachés, Moermont, Pinsen et Roover, qui occupent les points les plus élevés du terrain intermédiaire.

Commencement du système défensif avec les places voisines.

Enfin en 1688, le célèbre baron de Coehorn fut chargé de rectifier les fortifications de Berg-op-Zoom, ce qu'il exécuta les années suivantes. Il est peu de tracé où le flanquement soit mieux assuré, et de relief où le commandement soit plus avantageux. Dans aucune place de l'Europe, les maçonneries de l'escarpe ne sont moins en prise au canon, ni les retranchemens intérieurs mieux préparés dans les bastions, ni plus faciles à exécuter et à défendre. Il est impossible de tirer un meilleur parti des eaux. Tous les détails sont, comme l'ensemble, d'un ingénieur très-habile, qui, ayant beaucoup fait la guerre, avoit beaucoup vu et beaucoup observé ; l'économie et l'intelligence ont présidé à tout. Mais c'est cette même économie qui a engagé le baron de Coehorn à adopter les demi-revêtemens, qui sont,

Les fortifications de la ville sont perfectionnées par Coehorn.

comme nous le verrons, le vice radical de ce qu'on appelle son système.



Ce ne fut qu'en 1727 qu'on borda, par des lignes contiguës et bastionnées, les marais qui depuis un siècle formoient déjà, avec Steenberg et les trois forts Moermont, Pinsen et Roover, un immense camp retranché, connu sous le nom de *Lignes de Steenberg*. Ainsi tout l'espace entre Berg-op-Zoom et Steenberg se trouvoit, et se trouve encore aujourd'hui défendu, au levant, par ces *lignes* et par des marais ; au nord, par la place de Steenberg et par des terrains qu'on peut mettre sous l'eau à volonté ; au couchant, par un sol qui peut aussi être inondé ; enfin au midi, par Berg-op-Zoom, qui, construite à l'isthme même de cette presqu'île, en ferme l'entrée. Deux principales communications étoient et sont encore établies entre la Hollande et Berg-op-Zoom : la première par la Zéelande (dont cette forteresse est d'ailleurs la clef), au moyen du poste de Tholen, dans l'île de ce nom ; la seconde au nord, par le fort de Leur, près de Steenberg, faisant tête de pont sur le canal du Dentel, et plus au nord par Willemstad, faisant aussi tête de pont sur le Hollands-Diep (*c*), grand canal qui sépare le Brabant de la Hollande. Les Hollandais avoient de plus établi, en-deçà d'un autre canal dit l'Endragt, qui sépare l'île de Tholen du continent, trois têtes de pont, soit pour faciliter leur arrivée dans les

Pays-Bas et vers la France, soit pour protéger leur retraite.

Ainsi Berg-op-Zoom pris par les souverains des Pays-Bas ou par les Français, les lignes de Steenberg étoient à la vérité tournées, mais les ennemis de la Hollande, après cette conquête si difficile à faire, ne gagnoient cependant pas au-delà un pouce de terrain, puisqu'ils avoient encore à prendre au nord les trois forts Moermont, Pinsen et Roover, Steenberg, le fort de Leur, Willemstadt, et même Klundert, et qu'au couchant il leur falloit forcer le passage du canal de Tholen ( l'Endragt ), dont le courant est très-rapide, et qui est défendu par trois têtes de pont ; enfin les vainqueurs étoient encore obligés de s'emparer du poste de Tholen. Au contraire, tant que les Hollandais restoient maîtres de ce *pays fortifié*, Berg-op-Zoom ne pouvoit être complètement bloquée, puisqu'une armée des Pays-Bas ou une armée française, quelle qu'en fut la force, ne pouvoit empêcher les Hollandais de communiquer avec cette place, par terre, en passant par Willemstad, le fort de Leur et Steenberg, et par mer, au moyen du canal de Tholen, et de toutes les bouches de l'Escaut.



Tel étoit Berg-op-Zoom et ses nombreux accessoires fortifiés, lorsque le comte de Lowendal y arriva à la tête d'une armée française, et en forma le siége, le 12 juillet 1747. Tout le monde sait



2 *

qu'après plus de deux mois de tranchée ouverte, le
corps de place et les demi-lunes étoient encore in-
tacts, spécialement celle du front 6-7, qui étoit le
front d'attaque, et que la ville fut prise d'assaut le
16 septembre suivant. On se souvient encore que
les Français s'emparèrent de cette demi-lune par la
gorge qui étoit et est encore revêtue en maçonnerie,
et où il n'y a qu'un passage voûté et très-étroit, et
qu'en même temps ils escaladèrent avec des échelles
les flancs-bas de ce même front 6-7, qui n'ont
qu'environ seize pieds d'escarpe revêtue en maçonnerie; mais ce qui est généralement peu connu en
France, c'est que ce fut moins à cette escalade, où
brilla d'ailleurs toute la valeur française, que fut
due cette conquête, qu'à l'ouverture de la grande
poterne qui est au milieu de ce front 6-7, et par où
les Français pénétrèrent dans l'intérieur de la ville.
Or, escalader avec des échelles une place, quand il
n'y a brèche ni à la demi-lune ni au corps de la
place ; pénétrer en même temps dans cette demi-lune
par la porte, et dans l'intérieur de la ville par la
poterne, est une véritable surprise ; c'est un hardi
coup de main, qui, à notre avis, fait autant et plus
d'honneur au comte de Lowendal, que s'il fût parvenu au même but en continuant les lentes opérations du siége qu'il avoit commencé : cette audace
prouve que, quoique étranger, il connoissoit bien
le génie des troupes qu'il commandoit.

Les assiégeans et les assiégés en vinrent aux mains dans les rues jusqu'au centre de la ville, sur la place d'armes. Mais le temps n'étoit plus où les Hollandais, où les citoyens de la République défendoient eux-mêmes leur pays et leurs forteresses : devenus trop riches, ils chargeoient alors de ce soin des troupes étrangères ; elles composoient en grande partie la garnison, ainsi que l'armée qui étoit dans les *lignes* entre la place et Steenberg. Deux princes allemands commandoient, l'un cette armée, l'autre dans la forteresse. Il y avoit en outre dans la ville un général Hollandais qui commandoit au nom des Etats-Généraux, et une régence. C'étoient quatre autorités supérieures ; il n'y avoit nul accord entre elles. Cependant le gouverneur, le prince de Hesse-Philipstadt, à la tête d'un très-petit nombre de braves, retarda long-temps dans les rues l'impétuosité des Français, et les repoussa même depuis la place d'armes jusqu'à la porte d'Anvers. Accablé enfin par le nombre, abandonné par des troupes mercenaires, et par les descendans de ces mêmes habitans qui avoient vaincu tant de fois, sous leurs murs et dans leurs murs, des armées commandées par les plus habiles généraux de leurs siècles, ce Prince fit enfin sa retraite par la porte de Steenberg, d'où il ne sortit que le dernier.

Ainsi tout le génie de Cochorn, tout l'argent de la République et la bravoure personnelle du gou-

verneur, ne purent défendre cette forteresse, surprise et assiégée tant de fois inutilement, avant
qu'on y eût accumulé un si grand nombre de moyens
matériels de défense.

Elle fut l'année suivante, à la paix, rendue à la
Hollande.

En 1770, on joignit aux fortifications de la ville
l'ouvrage à cornes qui enveloppoit le port. On fit là
une faute majeure que Cochorn s'étoit bien gardé de
commettre, puisque l'ennemi, maître du port, le
devenoit du reste de la ville. Les exceptions qui ont
eu lieu à Berg-op-Zoom même, plus que dans toute
autre ville, et celle à laquelle notre défense des 8
et 9 mars 1814 a donné lieu, ne détruisent pas la
règle générale : *bastion sans retranchement pris, ville
prise.*

Nous ignorons aussi pourquoi les Hollandais
avoient, dès l'année 1784, rasé la gorge des trois
forts qui sont dans les lignes, opération qui n'étoit
bonne à faire que par les Français maîtres de la
place, comme ils le devinrent de nouveau, en 1795,
sous le général Pichegru (*d*).

Berg-op-Zoom, qui avoit été rendue peu après à
la *République batave*, reçut de nouveau garnison
française, au mois d'avril 1810, lorsque Napoléon
enleva, par un simple décret inséré au Moniteur,
tout le Brabant hollandais à son propre frère, et au
*royaume de Hollande.*

Les fortifications de Berg-op-Zoom étoient alors, comme aujourd'hui, les mêmes que du temps de M. de Lowendal, aux modifications près que nous venons d'indiquer. Mais les accessoires comme Steenberg, Willemstad, Klundert, Tholen et les têtes de pont sur le canal de ce nom, avoient été très-négligées depuis nombre d'années ; plusieurs de ces accessoires, tel que le fort de Leur, etc., par les changemens continuels et successifs que les eaux ont fait éprouver à ce pays, avoient, dans ces derniers temps, comme aujourd'hui, perdu presque toute leur importance.

## *PARTIE TOPOGRAPHIQUE.*

Le Brabant hollandais, depuis Berg-op-Zoom à l'occident, jusqu'à Grave à l'orient, présente deux aspects et deux natures de terrain absolument différens : toute la partie au midi offre des sables et des bruyères ; celle au nord, les pâturages les plus gras et les terres les plus fertiles ; ce sont des conquêtes (*polders*) faites sur l'eau, au moyen de digues dont cette dernière partie du Brabant est couverte. La limite entre ces deux terrains se trouve constamment au point où la haute marée cesse de se faire sentir,

et où cessent par conséquent les alluvions. Le Brabant, surtout la partie au nord, est également couvert de forteresses plus ou moins grandes, de forts,
de fortins, de retranchemens et de lignes de toute
espèce, avec des inondations plus ou moins éten-
dues. Si nous avons nommé avec raison Berg-op-
Zoom et les environs un pays fortifié, nous pouvons
donner à toute cette contrée la même épithète.

Système établ
dans la défense
de cette contrée.

Nous venons de voir que les Hollandais avoient
cherché à établir un système, c'est-à-dire un ensemble de défense entre Berg-op-Zoom et les places
voisines ; ils ont agi, dans le reste du Brabant,
d'une manière analogue : ainsi la défense de la place
de Breda se lie à celle de Geertruydenberg, au nord
par des lignes, des fortins, des retranchemens et
des inondations, tandis que Bois-le-Duc et le fort
Crevecœur font un autre système. Celui de Breda
et de Geertruydenberg se joint à celui de Berg-op-
Zoom et de Steenberg par le poste intermédiaire de
Klundert et par le canal de la Marck, et à celui de
Bois-le-Duc et de Crevecœur par Heusden et par
la Vieille-Meuse, tandis que les communications
avec la Hollande sont établies, au nord à Gorcum,
par Workum et Loewestein qui font pour les Hollandais têtes-de-ponts, et au nord-est, par le fort
Saint-André, avec Nimègue, autre grande tête-de-
pont très-importante. Enfin, tous ces systèmes particuliers de défense en font un général, surtout à

l'aide des inondations qui le couvrent, et qui sont presque continues depuis Berg-op-Zoom sur l'Escaut, jusqu'à Grave sur la Meuse.

Tel étoit, à la fin de 1813, et tel est encore aujourd'hui, l'ensemble des places du Brabant hollandais contre la Belgique et contre la France. Il est difficile d'imaginer une défense plus vaste et plus ingénieuse ; mais il s'en faut bien que l'effet, c'est-à-dire la défense pratique, réponde à l'intention théorique : presque toutes ces places et forts ne sont qu'en terre, les fortifications de quelques-unes ne sont souvent que des digues bastionnées, précédées de fossés d'eau stagnante et bourbeuse ; le dépôt successif de ces eaux, et des forêts de joncs ont à la longue encombré de vase ces fossés ; ils sont devenus guéables ; en supposant qu'on voulût leur rendre la profondeur nécessaire, il faudroit encore que ces places en terre fussent fraisées ; or, comment trouver, au moment du danger, l'immense quantité de bois nécessaire à cette opération, et le temps de l'exécuter? Il n'y a, dans la plupart, ni casernes, ni magasins, ni aucun de ces établissemens militaires devenus indispensables dans les défenses modernes ; l'exécution d'une inondation, au moment du besoin, dépend d'une écluse qui est tantôt en bon, tantôt en mauvais état, d'une porte busquée, ou d'une simple vanne qui joue tant bien que mal ; or, il y en a par milliers : qu'une ou deux manœuvres

Examen de ce système.

d'écluses ne puissent s'exécuter à temps, l'ensemble de l'inondation n'a plus lieu ; il s'en faut bien, en admettant gratuitement tout ce qui concerne ces écluses, faites et en bon état, que cet ensemble soit complet : il suppose des barrages de rivières, tel qu'à la Douve, au Dentel, etc., à leur embouchure ; or, ces barrages sont à faire ; ils présentent de grandes difficultés dans l'exécution, et exigent un temps qu'un ennemi en force donne rarement. Les écluses sont défendues par des retranchemens plus ou moins faciles à forcer. Plusieurs de ces célèbres inondations, telles que celles de Breda, ne sont, pendant six mois de l'année, faute d'eau en suffisante quantité, rien moins que certaines en été, et toutes sont nulles en hiver par une gelée ordinaire ; enfin, quand tout un pays est fortifié, il faut un peuple entier de défenseurs ; autrement un ou deux points sont bientôt forcés, la trouée est faite impunément, le pays est envahi, et tout ce vaste système, admirable en théorie, tombe de lui-même.

Si tel étoit l'état de la défense du Brabant hollandais en faveur de la Hollande, contre la Belgique et contre la France, il étoit, à la fin de 1813, pour nous Français qui l'occupions avec la Belgique, absolument inverse, c'est-à-dire qu'il n'étoit pas seulement nul, mais encore *négatif.* Aussi, ce que nous allons dire des fortifications de Berg-op-Zoom, et de sa défense combinée avec les places voisines, doit s'appliquer à la défense isolée des autres places de cette frontière, ainsi qu'à leur défense générale et combinée.

Quoique le nom de Berg-op-Zoom signifie *montagne sur la Zoom*, on ne voit sur les lieux ni montagnes ni rivières; cependant, comme tout se juge par comparaison, des débris de dunes, sur lesquels la ville est bâtie, qui ne s'élèvent que de quelques pieds au-dessus des hautes marées, ont pu paroître une montagne aux habitans du voisinage, dont les maisons seroient submergées deux fois dans vingt-quatre heures par la mer, si elles n'en étoient préservées par des digues. L'Escaut oriental, large à perte de vue, dont le flux remonte jusqu'au pied des glacis, est plutôt un bras de mer qu'une rivière: quant au *Zoom*, ce n'est qu'un canal anciennement creusé pour recevoir les eaux stagnantes des bruyères qui sont au nord-ouest, et aujourd'hui, sur le terrain même, c'est une étude difficile d'y pouvoir reconnoître cette prétendue rivière, au milieu des nombreux fossés ou *criques* auxquels elle ressemble.

La ville de Berg-op-Zoom ne renferme pas plus de cinq mille habitans de tout âge et de tout sexe; elle est divisée en deux parties: la première est la plus grande; elle est à peu près circulaire; c'est la *ville* proprement dite. La seconde est comme un long faubourg; c'est le quartier du port ou le *port*. La ville et le port sont presque séparés par des maisons et par des murs de clôture. Au milieu se trouve un château antique qui rappelle l'ancien Châtelet de Paris. La porte qui le traverse s'appelle la *fausse-porte* ; elle sert de communication entre la ville et le port. L'on peut également circuler de l'un à l'autre, en suivant les remparts qui embrassent le tout.

Le port est lui-même sous-divisé en deux parties égales par le bassin du port qui a deux quais bordés de maisons. Il est principalement habité par des marins qui souffroient avec impatience la position où le blocus les mettoit, et qui desiroient avec ardeur la reprise de la pêche qui leur procuroit la vie et l'aisance.

*Portes.*    Il y a trois portes à la *ville proprement dite :* celle *de Steenberg* au nord, *celle d'Anvers* au midi, et *celle de Breda* au levant. Le quartier du port n'a qu'une porte à l'extérieur ; elle est à l'ouest ; elle ne conduit qu'au fort d'eau par une digue. On la nomme *la porte d'eau.*

*Poternes.*    Outre quatre grandes poternes, par où les voitures peuvent passer, il y en a vingt-deux autres aussi très-grandes qui donnent dans les flancs-bas, et des flancs-bas dans les fossés de la place. C'est donc, outre quatre portes, vingt-six ouvertures à la place qu'il faut surveiller, surtout quand la foiblesse de la garnison ne permet pas d'occuper les ouvrages avancés, ou ne permet d'en occuper qu'une partie. Celles de ces communications qui n'étoient pas indispensablement nécessaires pendant notre blocus, avoient été barricadées avec soin.

La place a quinze bastions et même seize (*e*), en comptant comme tel la pièce à gauche du bastion 4, dite le *bastion orange*, qui a joué un grand rôle dans la nuit du 8 au 9 mars. Le camp retranché a quatre redoutes qui peuvent compter pour quatre bastions; le fort d'eau en a six; ainsi nous avions à défendre la valeur de vingt-six bastions, étendue de fortifications qui égale celle des plus grandes places connues, et exigeroit une garnison de dix à douze mille hommes.

Les fronts de Breda ou du levant méritent toute la réputation attachée à la place de Berg-op-Zoom. Comme ce sont, avec les fronts d'Anvers ou du midi, ceux tournés vers la Belgique et vers la France, et dès lors les points naturels d'attaque, le baron de Coehorn y a prodigué les moyens de défense; mais le corps de place n'est, comme nous l'avons dit, qu'à demi-revêtement; la partie de l'escarpe des flancs-bas revêtue en maçonnerie, n'a qu'environ seize pieds de hauteur; il arrive de-là que quand l'assiégeant est en force maître des chemins couverts, comme l'étoient les Français en 1747, ou lorsque l'assiégé n'a qu'une foible garnison, comme la nôtre en 1814, et qu'il ne peut occuper la plupart des ouvrages avancés, il arrive de-là, disons-nous, que cette partie des fortifications si forte d'ailleurs, et excellente contre une attaque en règle, n'est pas à l'abri d'une escalade, et peut être surprise avec plus de facilité qu'une bicoque qui a un revêtement d'une hauteur de trente à trente-six pieds. ...



Les fronts d'Anvers ou du sud sont, comme nous l'avons vu, ceux qui furent attaqués et surpris par M. de Lowendal. Ils sont encore plus forts que les précédens contre une attaque en règle, parce qu'ils sont couverts en partie par le camp retranché. Mais quand on est obligé, comme nous l'étions pendant notre blocus, de n'occuper qu'une très-petite partie de ces nombreux ouvrages, cette surabondance de fortifications nuit plus qu'elle ne sert à la défense.

Un beau système de contre-mines, sur les fronts d'Anvers et de Breda, qui joua un si grand rôle pendant le siége de 1747, nous étoit encore complètement inutile contre une surprise ; nous n'en eussions pas même tiré un grand parti dans un siége en règle, puisque, toujours par la foiblesse de la garnison et la crainte de la désertion, nous ne pouvions occuper la plus grande partie des ouvrages contre-minés.

Les ponts-levis de la porte de Breda et ceux des autres portes sont, non comme dans toutes les forteresses de l'Europe, accolés à l'escarpe, mais placés au milieu même du pont-dormant ; cet usage vicieux est cependant général en Hollande ; il provient de ce que le pont-levis y sert souvent pour le passage des bateaux à mâts ; on l'a généralisé aux fossés des places fortes, quand même on n'a pas de bateaux à mâts à y faire passer. Le pont-levis ainsi placé n'est qu'une coupure dans le pont-dormant, et ne ferme rien ; il peut être aisément franchi ou tourné ; il n'y a point de portes battantes du côté de la place, en-deçà du pont-levis, comme c'est ailleurs l'usage ; la porte d'Anvers n'a même pas, au profil de l'escarpe du corps de place, l'emplacement nécessaire pour y mettre une simple barrière ; d'où il arrive que si l'assiégeant, parvenu au pont-dormant, franchit le pont-levis, il ne trouve plus le moindre obstacle pour entrer en ville.

Les fronts d'eau, à l'ouest, depuis le batardeau orange (à gauche du bastion 4) jusqu'au saillant du bastion 1, sont en terre ; l'escarpe, sans contres-carpe, en est si douce que la cavalerie pourroit y monter au galop en ordre de bataille ; mais il y a de bons fossés qui peuvent recevoir plus de six pieds d'eau, et qui garantissent en été de toute surprise ; attendu que le terrain en avant est un composé de schorres coupées de criques, et qu'il est baigné à chaque marée, il est impossible d'y ouvrir la tranchée. Le tout est protégé par un fort en mer, dit le *fort d'eau*. Ces fronts, en temps ordinaires, sont les plus forts de la place ; mais en hiver, quand les fossés sont gelés, la place de ce côté est entièrement ouverte, si on n'en rompt pas journellement la glace.

Fronts d'eau ou de l'Ouest.

Nous n'avions point de palissades pour en fraiser les parapets ; nous y avons suppléé en coupant les têtes des arbres du rempart, qui nous avoient fourni des abatis très-médiocres, qui garnissoient le pied du talus de l'escarpe. La marée, entrant dans ces fossés deux fois par jour, recouvroit la glace d'eau nouvelle qui geloit également ; ainsi une nouvelle couche de glace s'ajoutoit, deux fois dans vingt-quatre heures, à celle de la veille, et donnoit à l'ensemble une épaisseur extraordinaire. Le froid n'a cependant pas été excessif ; mais il a duré, sans que les fossés aient dégelé, depuis le 6 janvier jusqu'au 21 mars, c'est-à-dire pendant soixante-quinze jours consécutifs.

Lorsque la glace dépasse une certaine épaisseur, c'est en vain qu'on chercheroit à la briser ; il faut, ou la scier avec des scies faites exprès, ou la couper à la hache par grands quartiers rectangulaires ; mais ces larges glaçons, accolés les uns aux autres, reprendroient en quelques heures de gelée ; pour l'éviter, et à mesure que nous les coupions, nous les faisions filer, à l'aide d'un grand croc, sous la glace latérale. Nous formions ainsi, au milieu du fossé, une cunette ; on l'entretenoit, lorsqu'il ne geloit que médiocrement, au moyen d'un bateau qu'on y promenoit ; mais dès que la gelée redevenoit forte, il falloit recommencer à se servir de la hache et du croc. On a vu dans le nord, en pareil

cas, des assiégés, au lieu d'enfoncer ces gros glaçons, les sortir de l'eau, les placer sur le bord
intérieur de la cunette, et former ainsi successivement un parapet à l'abri du canon. Cette manœuvre demande plus d'habitude et d'adresse que de
force.

Notre cunette ainsi formée n'avoit que douze à
treize pieds de largeur, c'est-à-dire celle du fond
du bateau. Il étoit donc assez facile d'y jeter par surprise ou de vive force des poutrelles de quinze à
seize pieds de longueur, et ensuite avec quelques
planches d'y établir un pont.

Le front 1—15 est revêtu en maçonnerie, mais
il est mal flanqué. Deux batardeaux en terre y aboutissent. Du temps de M. de Cœhorn, ni lors du
siége de 1747, la digue dite de *Tholen* n'existoit pas.
Lorsque depuis on a formé le *polder* de ce nom, on
en a fait aboutir la digue aux fortifications, et l'on
a construit le batardeau provisoirement en terre, en
se promettant bien de le faire plus tard en maçonnerie; mais les choses sont restées, comme il arrive
communément, dans le même état d'imprévoyance.
Nous avions paré à ce défaut capital, en garnissant
ce point si dangereux de plusieurs rangs de palissades, de herses, d'abatis, de chausse-trappes, et
de tous les obstacles que nous avions pu trouver,
mais qui sont loin de suppléer à un batardeau en
maçonnerie.

L'entrée du chenal dans la place offre un passage d'autant plus dangereux que la laisse de basse-mer présente à découvert, depuis la digue de Tholen jusques dans ce chenal, un sol très-dur sur lequel l'infanterie peut marcher en toute sûreté. Nous avions parqueté le fond de cette ouverture avec des herses en fer, et avions embossé à l'entrée un petit navire, où une garde étoit établie jour et nuit. Ce même accès étoit battu par deux pièces d'artillerie constamment chargées à mitraille. Nous ne pouvions pendant l'hiver, comme nous l'avons fait après, fermer le passage par une barrière à claire-voie, ni par des palissades, que d'énormes glaçons, chariés par la marée montante et descendante, auroient brisées.

*Fort d'eau.*

Le fort d'eau est au milieu de l'Escaut; il est séparé de Berg-op-Zoom par un petit *polder*, dont les digues latérales servent de chemins pour aller au fort, et sont baignées à marée haute. Il y avoit autrefois, sur la rive droite du chenal, un deuxième fort qui a été rasé par la mer; il n'en reste pas de vestiges. Le même sort attend celui qui existe encore, si les Hollandais cessent d'entretenir avec soin la digue qui lui sert d'enveloppe. Les fronts du fort, du côté du chenal, sur la digue qui conduit au môle, sont revêtus en maçonnerie; mais l'escarpe n'a que douze pieds de hauteur, compris le parapet. Pour éviter de ce côté l'escalade, nous avions garni la digue de forts abatis, et les batardeaux en terre de palissades, de chevaux de frise, etc.

La porte d'entrée du fort, sur ces fronts revêtus du côté du chenal, très-bien placée, comme porte de secours, pour les Hollandais maîtres de la place et de la mer, ne pouvoit, pour nous Français dans la place, que favoriser une surprise. Nous l'avons supprimée, et transportée à la gorge. Tout le reste du fort est en terre avec des fossés pleins d'eau. On en cassoit aussi chaque jour la glace, et souvent il falloit la couper à la hache. On en faisoit autant dans la cunette qui règne dans le fossé de tout le corps de place. Il faut avoir été l'hiver dans une ville du nord assiégée ou bloquée, et dont la défense est fondée sur l'eau, pour avoir une idée juste de l'immensité du travail, et de la fatigue qu'une gelée de soixante-quinze jours occasionne à une garnison.

Les fronts de Steenberg ou du nord n'ont point de demi-lunes. Des réduits de places-d'armes rentrantes en tiennent lieu; ils n'ont qu'un petit revêtement en maçonnerie, des traverses en terre et un fossé de trois pieds de profondeur. Il n'y a pas une place de troisième ordre, mais *revêtue*, où les fronts d'attaque ne soient plus faciles à défendre, surtout contre une surprise, que ne l'est toute cette partie de la fortification de Berg-op-Zoom.

Nous avions palissadé ces réduits, fait à la gorge des retranchemens en fortes palissades, et placé dans

Fronts de<br>Steenberg ou du<br>Nord.

3 *

ces retranchemens des corps-de-garde en planchés ; mais la foiblesse de la garnison et la crainte de la désertion avoient fait renoncer à les occuper , excepté à la porte de Steenberg, où nous avions une garde dans le réduit servant de demi-lune, et une seconde garde à l'avancée. Le retranchement dans ce réduit étoit un tambour en fortes *palanques*, placé à l'extrémité extérieure du pont-dormant , afin de garantir le pont-levis d'une surprise. Une barrière étoit en outre placée en-deçà du même pont-levis, à l'extrémité intérieure de ce pont-dormant, contre le profil du corps de place. Une partie des madriers du pont-dormant , entre le pont-levis et cette barrière , étoient enlevés chaque soir aux portes fermantes, et on les rentroit en ville. Ces précautions prouvent jusqu'à quel point nous craignions d'être surpris par cette porte.

Cependant si la défense de ces fronts du nord étoit si foible en elle-même , et relativement au nombre et à la composition de notre garnison, on ne doit pas en conclure qu'il en étoit de même pour les Hollandais, quand ils avoient une garnison nombreuse dans la même place, quand ils occupoient les lignes par une armée , et que leur communication étoit libre par Willemstad et Steenberg avec la Hollande, et par le fort d'eau avec la Zeelande, comme pendant le siége de 1747 ; au contraire il y avoit alors équilibre entre ces fronts-ci, et les au-

tres fronts de la place. En effet, au moment où le
comte de Lowendal arriva devant Berg-op-Zoom,
il fut agité dans plusieurs conseils, si au lieu d'attaquer cette forteresse par le côté le plus fort, celui
du midi, il ne seroit pas préférable de l'attaquer par
les fronts du Nord, par ceux de Steenberg. Cet habile général observa qu'il seroit alors obligé à trois
opérations successives aussi longues que difficiles :
la première de forcer des lignes protégées par des marais, et extrêmement fortes ; la seconde de prendre
les trois forts Moermont, Pinsen et Roover, alors
fermés à la gorge, ayant des magasins à poudre et
des abris à l'épreuve de la bombe, et amplement
pourvus de munitions et de vivres ; la troisième d'attaquer ces fronts de Steenberg ou du nord qui, tout
foibles qu'ils étoient, et qu'ils sont encore, exige-
roient cependant un siége en règle, en présence
d'une forte garnison. Il fit voir que tandis que son
armée, ainsi placée au nord, dirigeroit ses attaques
sur ces fronts, elle auroit à dos l'armée ennemie
retirée à Steenberg, et lui prêteroit en sus le flanc
droit vers Tholen, en même temps que ses communications par sa gauche avec Anvers et avec la
France, seroient difficiles et précaires. Il se con-
tenta donc de menacer de ce côté l'armée hollandaise qui gardoit les *lignes ;* il simula une attaque
contre le fort Roover, et il l'abandonna bientôt
pour attaquer la place sur un point hérissé d'ou-

vrages, et prit, comme il le dit lui-même, *le bœuf par les cornes* (e).

En supposant au contraire Berg-op-Zoom occupé par une garnison française, elle ne pourroit, quelle qu'en fût la force, garder les *lignes*, puisqu'elles seroient toujours tournées par Steenberg et par Tholen ; il faudroit donc alors que les Français eussent assez de monde pour garder ces deux places, le fort de Leur, etc. ; mais ce ne seroit plus une garnison qui pourroit occuper tant de places et de postes à-la-fois, il faudroit une armée, qui, ainsi enfermée, auroit ses mouvemens très-gênés, et ses communications très-difficiles avec Anvers et avec la France, à moins qu'elle n'eût la mer en son pouvoir ; or, dans ce dernier cas, la France ne seroit plus sur la défensive, ou si elle y étoit, ce n'est pas dans ce cul-de-sac qu'elle devroit laisser enfermer son armée.

Pour nous Français, au commencement de 1814, qui n'avions plus ni les lignes, ni Steenberg, ni Tholen, ni tout ce pays fortifié, qui, bloqués dans notre place, n'avions, sur ces fronts du nord, qu'une enceinte sans demi-lunes, cette partie de Berg-op-Zoom étoit d'une défense aussi médiocre que celle des fronts de la porte d'eau, par la gelée, étoit mauvaise.

Afin que les lignes, que nous ne pouvions garder, ne fussent pas du moins contre nous, nous avions eu soin, dès le commencement du blocus et avant le froid, d'en raser toutes les parties qui, à portée du canon, contrebattoient la place.

On voit par cette comparaison entre ce qu'est Berg-op-Zoom au pouvoir de la Hollande, et ce qu'elle étoit au pouvoir de la France, qu'une place sous le seul rapport des fortifications, abstraction faite de la garnison, des vivres, des munitions et autres moyens qui concourent à la défendre, n'est pas forte d'une manière absolue, mais qu'elle l'est d'une manière relative. Il en est de même de la défense de toute frontière, et spécialement de celle du Brabant par rapport à la Hollande, ou par rapport à la France. Conclusion.

L'historique et l'examen d'une forteresse si célèbre par les moyens de défense qui y sont prodigués, par le génie supérieur qui les a combinés, et par les surprises et les coups de main dont ses fortifications ne l'ont jamais garantie, démontrent également que le revêtement du corps de place en maçonnerie, à une hauteur convenable, est la première des défenses, parce qu'il n'y a que celle-là qui puisse obliger l'assiégeant à faire un siége en règle, et que toutes les combinaisons les plus heureuses du génie dans le choix du site, dans le tracé et dans le relief ne sont, sans cette hauteur, que des accessoires qui deviennent souvent inutiles. On voit enfin que même Berg-op-Zoom participe au défaut général de presque toutes les places de la Hollande, puisqu'une simple gelée, sans des précautions infinies, peut décider de son sort.

Quant à son état de défense accidentelle, à celui qui tient aux mesures que l'on n'emploie qu'au mo- moment où une place est menacée, telles que le pa- lissadement, l'armement, etc., il étoit à peu près le même, à la fin de 1813, que quand les Hollandais nous avoient remis cette forteresse au printemps de 1810. Plus de trois cents pièces de canon étoient en batterie, mais principalement dirigées contre la France; la plupart des affûts n'en valoient rien; la place étoit palissadée depuis nombre d'années, mais les palissades étoient de bois blanc et vermoulues. On n'avoit pu, faute des fonds nécessaires, qu'en- tretenir très-médiocrement, depuis quatre ans, les ouvrages existans. Nous avions construit un beau magasin à poudre qui n'étoit pas encore employé à sa destination; il étoit d'ailleurs encore plus utile en temps de paix qu'en temps de guerre, parce qu'il y a, sous tous les bastions, en suffisante quantité, des magasins de batteries.

# RELATION

## DE LA SURPRISE

## DE BERG-OP-ZOOM,

### Le 8 et le 9 Mars 1814;

#### AVEC

*Un Précis du Blocus et des Evénemens
qui l'ont amené.*

———

Ce que Napoléon eût pu faire de mieux,  pendant qu'il étoit le maitre du Brabant hollandais, eût été de faire raser les fortifications de Steenberg, du fort de Leur, les lignes et forts de Steenberg, et en général une très-grande partie des trop nombreuses forteresses et postes de guerre qui couvrent cette frontière, et de ne conserver que ce qui se trouvoit tout-à fait en faveur de la France, ou pouvoit à peu de frais y être approprié. On étoit cependant parvenu, dès l'hiver de 1811, à lui faire *arrêter* ces démolitions, mais seulement en *principe*, et l'exécution en fut ajournée indéfiniment. Il prodigua les fonds de l'Etat à Dantzick, à Hambourg et dans dix autres places à trois et quatre cents lieues de la capitale, tandis que cette importante frontière fut traitée comme celle de l'ancienne France, c'est-à-dire, entièrement négligée; de sorte qu'au moment du danger, vers la fin de 1813, les choses y étoient dans le même état où nous les avions trouvées quatre ans auparavant.

Napoléon, au lieu de restaurer et d'améliorer, voulut au contraire créer de nouvelles défenses dans les environs de Willemstadt et dans l'île de Goerée. La seule restauration très-utile qu'il ordonna, fut celle de Gorcum, qui étoit pour les Français la clef de la Hollande; mais ce ne fut que quelques mois avant le besoin. Il eût fallu en lier la défense avec Workum et Lœwestein; ces deux postes restèrent dans l'état de délabrement où ils étoient. En s'y prenant un an plus tôt, et y sacrifiant le quart de ce que coûtoit telle forteresse isolée sur la Baltique, ou dans d'autres pays éloignés, on auroit eu alors une position de la plus grande importance, au milieu de laquelle une flottille nombreuse eût tenu en respect tout le pays et arrêté des armées.

Au reste, tous ces moyens matériels de défense n'eussent abouti à rien, puisqu'il n'y avoit dans la Hollande, comme dans le Brabant, personne pour les faire valoir. Les garnisons de Willemstadt, de l'île de Goerée, de celle de Schouwen, de Berg-op-zoom, etc., n'étoient composées que de quelques troupes de dépôt, appartenant principalement à des régimens étrangers recrutés avec des déserteurs et des prisonniers de guerre, et que, par un décret spécial et inconcevable, le ministre de la guerre ne pouvoit pas même déplacer. Il y avoit en outre des compagnies de gardes-côtes, tous Hollandais, prêts à s'insurger, et un petit nombre de vétérans de toutes les nations. Il ne se trouvoit pas un soldat à Steenberg, au fort de Leur, à Heusden, à Geertruydenberg, ni même à Breda ; il y avoit à Gorcum un bataillon d'enfans, dit les Pupilles de la garde. Les garnisons de Brielle, du port important d'Hellevoëtsluys, et celles de toute la Hollande n'étoient ni mieux composées ni plus nombreuses.

Tel étoit, dans cette contrée, l'état du

personnel de la défense, quand la perte de
la bataille de Leipzick, et la retraite précipitée qui en fut la suite, furent en Hollande
le signal de l'insurrection. Le vieux Prince
gouverneur-général, quoique très-aimé et
très-estimé personnellement, fut obligé de
quitter Amsterdam ; les fonctionnaires furent expulsés, et tous les Français plus ou
moins forcés d'évacuer le pays.

Le général comte Molitor, qui commandoit à Amsterdam, quitta aussi cette ville à
la tête du peu de troupes qu'il avoit à sa disposition. Il en imposa quelque temps aux
Hollandais dans le camp d'Utrecht, et ensuite sur le Lech. Ce qu'il avoit de meilleur
en infanterie étoit ce même bataillon de
pupilles qu'il avoit fait venir de Gorcum,
et un grand nombre de douaniers. Il jeta,
dans les places fortes des officiers d'état-
major, du génie et d'artillerie ; il reprit
quelquefois l'offensive, menaçant tantôt
un point, tantôt un autre ; mais son but
principal étoit de couvrir Gorcum et de
donner le temps à des renforts d'arriver.

Le général sénateur Rampon se jeta dans
cette ville, les derniers jours de novembre,
avec des bataillons qu'il avoit nouvellement

organisés lui-même à Anvers, et avec des conscrits, qui arrivoient de France, en sarreau de toile et sans armes, et dont il sut cependant depuis tirer un bon parti.

Le général Molitor, ne recevant aucun secours, après avoir, par l'habileté de ses manœuvres, donné le temps à Gorcum et autres places de la Hollande, de recevoir quelques munitions, et de ramasser quelques subsistances, passa en-deça du Wahal et abandonna la Hollande.

L'insurrection y étoit générale, qu'elle n'avoit point encore, dans les premiers jours de décembre, gagné le Brabant; mais tout annonçoit, dès cette époque, que cette province alloit suivre l'exemple de la métropole.

Le nouveau général en chef de la Hollande, qui venoit d'arriver à Anvers, se trouvoit dans le plus grand embarras : il ne recevoit aucun secours de France ; il voyoit que les places du Brabant, avec tout leur matériel, alloient être prises par les seuls habitans, s'il n'y envoyoit pas quelques troupes, et il ne le pouvoit qu'aux dépens de la garnison d'Anvers. Ainsi, d'un côté il compromettoit sa propre place, où l'on avoit dépensé tant de millions pour la mettre en état de défense, et, avec sa place, la flotte, les nombreux vaisseaux qui étoient dans le port, ceux en construction, et les immenses magasins confiés spécialement à sa garde; de l'autre côté de foibles secours envoyés dans les places, quand elles étoient en si grand nombre, ne pouvoient être qu'insuffisans, et par conséquent incapables de les préserver du sort dont elles étoient menacées. Cependant il se décida à envoyer à Breda, où il n'y avoit pas une pièce de canon depuis quatre ans, ni un soldat depuis trois mois, deux généraux, avec environ trois cents hommes tirés de la marine, et deux pièces de canon. Il en détacha à-peu-près autant à Berg-op-zoom, avec lesquels le commandant de cette place fit occuper Steenberg et le fort de Leur. Le général en chef envoya en même temps sous Willemstadt une flottille, afin de défendre le Hollands-diep.

Quelques cosaques qui se présentèrent sur le Wahal, le 5 décembre, et qui annoncèrent des armées qui n'arrivèrent que bien après, déterminèrent le Brabant hollandais à suivre l'exemple de la Hollande.

l'insurrection y fut générale dans les campagnes et dans les villes non occupées par les Français. Obligés de parcourir tout le pays, le 2 et le 9 décembre, nous en fûmes témoins dans vingt endroits différens : le peuple alloit en procession dans les rues, tambour battant, ayant pour bannière le drapeau orange, portant à la boutonnière ou au chapeau, un ruban de la même couleur, et criant *Orange bauwe ( haut Orange,* c'est-à-dire, vive Orange) en signe de ralliement. Nous lui devons cette justice, c'est qu'au milieu de ces mouvemens populaires, pas un Français, à notre connoissance, n'a été ni maltraité ni insulté (*f*).

Tous les gardes-côtes se déclarèrent contre nous; les douaniers, qui composoient les foibles garnisons de Worcum et de Lœwestein, furent forcés de se retirer. Un des deux généraux d'abord envoyés à Breda, qui avoit été détaché de cette ville pour défendre la forteresse de Gertruydenberg, y fut fait prisonnier avec vingt-cinq hommes qu'il avoit emmenés avec lui, et qui composoient toute sa garnison. En même temps les Hollandais effectuèrent le passage du Hollands-diep. Un autre général français, qui commandoit dans l'île de Goerée , fut arrêté par ses propres soldats , composés , comme nous l'avons dit , de Gardes-côtes et de déserteurs. Il fut détenu par eux prisonnier dans le fort *Duquesne* nouvellement construit, qui étoit la clé de l'Ile , et ensuite livré à l'ennemi. Le commandant et l'état-major de Brielle eurent à peu près le même sort ; la garnison d'Hellevoëtsluys , après s'être battue dans les rues , évacua la place, et se retira sur Willemstadt. Les Anglais étoient sur le point de débarquer en Hollande , et les Russes et les Prussiens s'avançoient vers le Brabant à marches forcées.

Le général en chef prend le parti de concentrer toutes ses forces à Anvers.

Le comte de Caen , général en chef sans armée , attendoit toujours à Anvers des troupes qui n'arrivoient pas. Persuadé enfin que les foibles secours qu'il avoit détachés de la garnison de cette place , et envoyés dans les autres forteresses , ne faisoient que compromettre le sort de celle qui lui étoit spécialement confiée , sans empêcher les autres de tomber successivement entre les mains de l'ennemi , convaincu que la manie de vouloir tout garder à-la-fois, est le moyen infaillible de tout perdre, qu'à la guerre principalement , le vieux proverbe, *qui trop*

*embrasse mal étreint*, est de toute vérité,
se décida, non-seulement à rappeler à Anvers les troupes qu'il en avoit détachées,
mais encore à en renforcer la garnison avec
les régimens étrangers, les vétérans et les
dépôts qui composoient les garnisons voisines. En conséquence, le 9 décembre, il
donna l'ordre au général qu'il avoit envoyé
à Breda quelques jours auparavant, d'évacuer cette place, et de se rendre, avec les
détachemens qui étoient sous son commandement, à Anvers, ce mouvement eut lieu
dans la matinée du 10. Les commandans
des places et postes de Willemstadt ; soit
Ruyter, Klundert, Steenberg, fort de Leur,
Tholen, etc. reçurent, sous la même date
du 9, l'ordre d'évacuer également ces places et postes, après en avoir détruit, autant que possible, le matériel, et de se retirer aussi à Anvers par Berg-op zoom. Cet
ordre fut exécuté dans la nuit du 10 au 11.
Les marins de la flottille qui étoit sous Willemstadt, se joignirent à la garnison, après
avoir coulé à fond leurs bâtimens. Ces garnisons arrivèrent ensemble à Berg-op-zoom,
le 11 ; une partie y séjourna le 12.

Le général Bizannet y étoit commandant

d'armes, depuis plusieurs années ; il venoit de recevoir l'ordre de prendre le *commandement supérieur* ; il avoit en même temps celui de déclarer la ville en état de siége, ce qu'il fit le 13 décembre, au moment où le reste des garnisons des places voisines partoit pour se rendre à leur destination, à Anvers.

La garnison de Berg-op-zoom se trouva le soir telle qu'elle étoit deux jours auparavant : elle consistoit dans quelques détachemens de marins, et sept foibles compagnies de vétérans, dont une de canonniers. Le tout ensemble ne formoit pas huit cents hommes. Le capitaine de la compagnie de canonniers-vétérans étoit en même temps le commandant en chef de l'artillerie de la place. Le chef de bataillon Leclerc y avoit été jusqu'alors le seul officier du génie ; le colonel directeur des fortifications et un jeune officier du génie, arrivés de Willemstadt, resterent à Berg-op-zoom. Le général y retint plusieurs commandans des places et postes évacués, pour les employer comme adjudans de place. Il en choisit quatre, auxquels il confia le commandement des quatre portes de la ville. Il avoit, pour le seconder, le major de place Hugot-de-Neuville, qu'il désigna pour son chef d'état-major.

Telle étoit la force de la garnison le 13 au soir, quand les insurgés des environs, instruits du peu de forces qui nous restoient, ayant à leur tête quelques officiers hollandais auxquels le Gouvernement français avoit donné la retraite, vinrent, sur les huit heures, pour forcer la porte de Breda. Le capitaine Barcelle, ex-commandant de Tholen, qui venoit d'être chargé de la garde de cette porte, courut à l'avancée au secours de la garde. Le major de Neuville et les officiers du génie arrivèrent également avec deux compagnies de vétérans. Après une demi-heure de fusillade, l'ennemi fut forcé de renoncer à son projet; il se retira avec perte d'une dixaine d'hommes.

Le 15, sur les dix heures et demie du soir, il y eut au fort d'Eau un échange de quelcoups de canon avec des péniches anglaises.

Le 17, un colonel anglais vint sommer le gouverneur de remettre la place à sa Majesté britannique, et reçut la réponse la plus négative.

Dans la nuit du 17 au 18, il nous arriva

Surprise tentée à la porte de Bréda.

4*

d'Anvers un renfort de huit cents hommes de nouvelle levée.



Le projet avoit été d'évacuer Berg-op-zoom comme les autres places, et d'en réunir aussi la foible garnison à celle d'Anvers; mais, dès que Napoléon, qui ne vouloit pas céder un pouce de terrain, eut connoissance des ordres donnés par le comte de Caen pour l'évacuation des places, il lui ôta le commandement, lui prescrivit de quitter Anvers, et le remplaça par le duc de Plaisance. Les mêmes ordres portoient de défendre Berg-op-zoom ; il vouloit aussi qu'on reprît les places évacuées, même Hellevoët-Sluys, en Hollande, au-delà de l'île de Goerée dont les bâtimens anglais et hollandais couvroient déjà les eaux. Quant à la reprise de la ville de Breda, l'ordre en étoit positif.

Cette dernière opération, à moins que la crainte d'un bombardement ne fît ouvrir les portes de la ville, étoit d'une exécution très-difficile, car les inondations y étoient parfaitement tendues, et ne pouvoient être franchies que par la gelée qui n'avoit pas encore lieu à cette époque, le 20 décembre : cependant il n'y avoit ni poudre, ni canons au départ des Français, dix jours auparavant, et les alliés n'avoient pas encore eu le temps d'en amener ; mais il y avoit déjà une garnison nombreuse composée principalement de cosaques , et de cavalerie russe. Six à sept mille hommes de la jeune garde , annoncés depuis très-longtemps, étant enfin arrivés à Anvers, furent employés, du 20 au 25 décembre, à cette expédition. Elle n'eut pas de succès , et si elle en avoit eu, elle n'auroit servi qu'à disséminer nos troupes et à les faire prendre dans cette grande place : en effet toute la force de Breda consiste dans ses fossés pleins d'eau et dans ses inondations ; or comme les Français n'avoient pu , à la veille d'un long hyver, palissader les fortifications qui sont presque toutes en terre, ni en compléter l'armement, cette place n'eût été qu'un grand camp retranché où il ne seroit resté qu'une foible garnison qui, à la première gelée, auroit été enlevée d'un coup de main.

En même temps que le général duc de Plaisance envoyoit, par l'ordre impératif de Napoléon , la jeune garde devant Breda , il employoit tous les moyens qui pouvoient rester en son pouvoir, à fournir Berg-op-

Un grand convoi , combiné avec une sortie, entre dans Berg-op-Zoom.

zoom d'hommes, de vivres, et de munitions. Il confia au colonel directeur des
fortifications, qu'il avoit fait venir momen-
tanément de Berg-op-zoom à Anvers, pour
le consulter sur l'expédition de Breda, le
commandement de deux demi-bataillons de
nouvelle levée pour les conduire à Berg-op-
zoom. Celui-ci fit prévenir secrètement le
gouverneur de cette place de son retour
pour le lendemain 23, à midi; il lui fit
connoître que son projet étoit, avec deux
demi-bataillons qu'il lui amenoit, de ramasser, dans les villages et sur la route, le
plus de bestiaux qu'il pourroit; il l'enga-
geoit, pour en faciliter l'entrée dans la
place, et n'être pas troublé par les partis
ennemis qui la bloquoient, à faire une sortie, afin de venir à sa rencontre. Le capitaine Barcelle fut chargé de diriger cette
sortie, qui se fit avec beaucoup d'ordre; il
rencontra les deux demi-bataillons à point
nommé. Les bestiaux furent remis à leur
arrivée dans la place au sous-préfet de l'ar-
rondissement de Breda qui s'étoit jeté dans
Berg-op-zoom. Celui-ci constata les com-
munes et les particuliers auxquels le bétail
avoit été enlevé, et régla l'indemnité qui

leur étoit due, de concert avec les principaux propriétaires, que le colonel avoit,
dans cette intention, forcés d'accompagner
le convoi.

Le respectable Ambert, un des doyens des
généraux français, et ancien général en
chef, qui servoit avec son activité et sa bravoure accoutumées sous le jeune duc de
Plaisance, nous amena successivement,
d'Anvers, dans les derniers jours de décembre et au commencement de janvier, des
troupes de nouvelle levée, un détachement
de quarante mineurs, une compagnie d'artillerie (dont le capitaine prit de suite le
commandement de l'artillerie de la place),
de la poudre, des légumes secs, du vin, un
troupeau de bœufs, etc. La garnison fut
aussi renforcée par de nouveaux marins détachés de la flotte d'Anvers. Toutes ces troupes la portèrent à environ quatre mille
hommes ($g$).

La compagnie d'artillerie et le détachement de mineurs étoient d'excellentes troupes; les soldats de la marine étoient assez
portés à l'indiscipline, mais ils étoient
braves et adroits; conduits par des officiers
très-distingués et très-sévères; ils nous fu-

Des renforts en hommes, des vivres et des munitions arrivent d'Anvers.

Composition de la garnison.

rent de la plus grande ressource : presque tous savoient servir le canon, ils y furent employés avec l'artillerie, et aux autres ouvrages de défense, avec le génie. Quant à notre infanterie, c'étoient de nouvelles levées provenant la plupart de la Flandre et de la Belgique. Ces conscrits, à leur arrivée à Anvers, avoient été formés en bataillons attachés aux 12ᵉ, 17ᵉ, 21ᵉ et 51ᵉ régimens de ligne ; c'est par ces numéros de régimens que nous désignerons souvent ces simples bataillons. On avoit endossé à ces recrues, au moment de leur départ d'Anvers, des uniformes, et mis en main des fusils que pas un ne savoit charger ; mais ils étoient commandés par d'anciens officiers qui employoient tout leur temps et tous leurs soins à l'instruction de cette jeunesse, et à lui inspirer l'esprit guerrier dont ils étoient animés.

La privation de viande fraîche, le froid, les maladies et la désertion diminuent la garnison.

Nous avions, avant le blocus, de la farine en suffisante quantité ; nous en avions même envoyé au fort de Batz deux bâtimens qui avoient été pris par les Anglais ; mais, par le défaut de fourrages, nous fûmes, dès le commencement de mars, réduits à la viande salée, les malades excep-

tés, qui devinrent alors plus nombreux.
Les gardes fréquentes, les bivouacs multi-
pliés, les nombreuses corvées d'une garnison hors de proportion avec l'enceinte d'une
forteresse menacée d'être surprise tant que
dureroit la gelée, contribuèrent encore à
diminuer le nombre de nos défenseurs. Enfin la désertion parmi nos nouvelles levées
étoit excitée par des habitans de la ville ;
les Belges et les Flamands saisissoient le
temps où ils étoient de garde aux ouvrages
avancés, et épioient toutes les occasions fa-
vorables pour passer à l'ennemi. Ces différentes causes diminuèrent tellement la garnison, que dans une revue passée le 5 mars,
il n'y eut que deux mille sept cents hommes
de présens sous les armes ( *h* ).

L'artillerie, à la même époque, avoit
changé et perfectionné son armement. Ses
pièces étoient constamment chargées à mitraille, la mêche allumée toute la nuit. Le
génie avoit fait et faisoit journellement tous
les travaux de défense que lui permettoit
une gelée continuelle. Les glaces des fossés
étoient chaque jour cassées, ou plutôt coupées à la hache.

Par un froid, d'ailleurs plus constant que

rigoureux, nous n'avions que des surprises
à craindre; aussi tous nos moyens de défense avoient pour but de les repousser. A
mesure que les troupes étoient arrivées dans
la place, le général leur avoit assigné les
différens fronts de la fortification pour y
faire l'exercice. C'étoit dans les bastions, et
constamment dans les mêmes, que chaque
corps ou fraction de corps se rassembloit et
avoit ordre de se porter à la première alerte.
En même temps les détachememens desti-
nés à composer les réserves et l'artillerie
mobile, s'exerçoient dans l'intérieur de la
ville, sur les places publiques, principalement sur la place d'armes. D'après cette
disposition, le champ d'exercice devoit être
le champ de bataille; chacun, au mois de
mars, au bout de trois mois de fréquenta-
tion habituelle, le connoissoit de manière
à pouvoir s'y rendre et y manœuvrer dans
tous les sens, de nuit comme de jour, et
pour ainsi dire les yeux fermés.

Dès le 13 février, le commandant supérieur de la place avoit passé une revue générale de la garnison au camp retranché.
L'infanterie avoit fait, dans son instruction, des progrès surprenans. En rentrant

en ville, tous les corps s'étoient rendus à leur poste de bataille. Le général, accompagné des chefs de l'artillerie et du génie, avoit vérifié, aux postes et sur les remparts, si les officiers entendoient bien ce qu'ils avoient à faire en cas d'attaque ; il avoit eu lieu d'être satisfait.

C'est ainsi que le chef, les officiers supérieurs, et surtout le major de Neuville profitoient de toutes les occasions pour répandre l'instruction dans la garnison, et pour l'animer de cet esprit qui transforme bientôt de timides recrues en braves, et leur fait opérer des prodiges. Cependant ce n'étoit que depuis cette grande revue, par conséquent à dater du 14 février, que ces jeunes conscrits, qui composoient les trois quarts de la garnison, avoient commencé à faire l'exercice à feu.

Le soir, à la retraite, toutes les gardes étoient doublées, des troupes de bivouac étoient établies sous des baraques en planches, construites sur les remparts. Les gardes de nuit et les bivouacs ne rentroient aux casernes que le matin au grand jour ; les patrouilles et les rondes étoient fréquentes, des piquets, commandés d'avance, devoient encore, à la première alerte, et sans attendre que la générale fût battue, renforcer tous les postes.



D'après la crainte de nouvelle désertion, et la réduction de la garnison par les maladies, nous n'occupions plus, au commencement de mars, qu'un petit nombre des très-nombreux ouvrages extérieurs, savoir : au-delà de la porte d'Eau, le fort d'Eau, par soixante soldats de marine ; à la porte de Steenberg, le réduit servant de demi-lune et le corps-de-garde de l'avancée ; à celle de Breda, la demi-lune ; à celle d'Anvers, la demi-lune et le réduit à droite B, où deux pièces de canon étoient destinées à balayer le camp retranché, et à empêcher l'ennemi de le tourner par la gorge. Nous occupions depuis quelques jours les redoutes 1, 2 et 3 du camp retranché, les deux prémières par cinq hommes, la dernière, par dix, avec deux pièces de canon sur la face droite, destinées à battre les schorres praticables à marée basse. Tous les autres ouvrages avancés n'étoient point occupés ; notre artillerie mobile étoit placée, partie sur la place d'armes, partie au bastion 12 (i).



Le blocus, qui avoit été plus ou moins

rigoureux en décembre, janvier et février, d'abord commencé par les habitans du pays mêlés avec des cosaques, et depuis continué par des Prussiens, étoit plus nouvellement formé exclusivement par des Anglais. Leur armée, qui nous bloquoit très-étroitement au commencement de mars, et qui avoit été très-nombreuse à Tholen, à Steenberg, à Wouw, à Roosendal, à Halstern et dans nos environs, s'étoit éloignée depuis quelques jours, et sembloit se concentrer du côté d'Anvers. Le général Graham, qui la commandoit, avoit porté son quartier-général à Calmhoot, point central entre Anvers, Berg-op-zoom et Breda. Ses communications étoient sur ce point naturellement établies avec cette dernière place et avec Rosendal, où lui arrivoient, de Tholen et de Willemstadt, ses renforts et ses munitions : il paroissoit négliger l'investissement de notre place, et même y favoriser l'entrée des paysans qui nous apportoient des comestibles.

Le 8 mars ($k$), entre 9 heures et demi et dix heures du soir ($l$), au moment où la garnison s'y attendoit le moins, elle entendit une vive fusillade à la porte de Steenberg.

Une forte colonne anglaise, qui étoit entrée tout-à-coup dans les chemins couverts,
avoit surpris notre garde de l'avancée,
avoit pénétré dans le réduit servant de dé-
mi-lune, en forçant avec des leviers les bar-
rières des traverses en terre, et étoit arrêtée, en avant du pont-dormant du corps de
place, par le tambour ou retranchement
en palanques. Trois pièces d'artillerie, à la
face gauche du bastion 11, flanquoient ce
retranchement; ces pièces étoient chargées
à mitraille. Le commandant d'artillerie, le
capitaine Denis, qui étoit accouru, avec le
directeur des fortifications, au bruit des
premiers coups de fusil, y mit le feu lui-
même, pendant que la fusillade continuoit
de ce bastion 11, du bastion 12 et de la
courtine 11-12. Bientôt nous réunîmes à
cette mousqueterie les feux de toute l'artillerie de cette partie du rempart.

Cependant un petit nombre d'Anglais
parvint, malgré nos feux, à franchir le
tambour; ils arrivèrent, portant des échelles, sur le pont-dormant, jusqu'au bord de
la trouée que le pont-levis forme au milieu
en se levant; ils y appliquèrent leurs échelles, et parvinrent, en y montant, à l'extré-

mité supérieure du tablier, d'où , en se laissant glisser , ils prirent pied en-deça du pont levis , sur l'autre moitié du pont-dormant ; les madriers , comme nous l'avons dit , en étoient enlevés sur la longueur d'une travée qui , avec la barrière placée contre le profil de l'escarpe , étoit le seul obstacle qui restoit entre les assaillans et l'intérieur de la place. Tandis qu'une partie des Anglais , entassés entre le pont-levis et la travée enlevée , se fusilloient , à travers les fuseaux de la barrière, avec notre garde, et que d'autres cherchoient à baisser le pont-levis , de plus intrépides encore franchirent cette travée vide ; en passant sur les longerons , escaladèrent , à l'extrémité intérieure du pont-dormant , le demi et foible revètement en maçonnerie du corps de place , gravirent le reste de l'escarpe en terre et le parapet , et parvinrent sur le terre-plein du rempart ; mais , reçus à coups de baïonnettes , ils y furent tous tués. Pendant que notre garde tenoit en respect , à coups de fusil , les ennemis placés au-delà de la barrière et de la travée vide , l'adjudant de place, Maupin , amena une pièce d'artillerie volante , et , au risque de briser la barrière , tira sur eux à mitraille ; la masse en fut éclaircie, le feu de la garde et celui des flancs des bastions firent raison du reste ; tous ceux qui avoient passé par dessus le pont-levis périrent sans qu'il en échappât un seul.

Nous continuâmes, du haut du rempart, de fusiller et de mitrailler ceux qui étoient au-delà du pont-levis qui resta levé, en avant du tambour, dans le chemin couvert et sur le glacis.

Ce n'est que le lendemain, après l'action, que nous avons su que, dès l'entrée de la nuit, les assaillans s'étoient approchés de la place, ayant pour guides des habitans de la ville même, et qu'ils étoient restés couchés à plat ventre à la queue des glacis, en attendant en silence la marée basse, le lever de la lune et un signal convenu.

Pendant que cette action, très-meurtrière pour l'ennemi seul, se passoit à la porte de Steenberg, on avoit battu en ville la générale ; les piquets étoient déjà à leurs postes, les autres troupes de la garnison se rendoient aux portes et dans les bastions, et les réserves sur la place d'armes, des patrouilles parcouroient les rues, ainsi que la gendarmerie, et faisoient rentrer les habitans dans leurs maisons , avec défense d'en sortir, et ordre de tenir leurs portes et leurs fenêtres fermées , sous peine de mort.

Une fusillade, non  moins vive que celle qui avoit commencé , un demi-heure auparavant , à la porte de Steenberg , se faisoit entendre au quartier du Port , vers la porte d'Eau : une deuxième colonne anglaise ( *m* ) étoit venue à l'extrémité de la digue de Tholen , près l'écluse d'inondation , avoit longé la queue de la partie des glacis entre cette digue et le chenal , étoit descendue dans ce chenal, à marée basse , étoit arrivée à l'entrée du port , avoit franchi , avec des planches et des fascines , les herses qui en tapissoient le fond , et , sans être arrêtée un instant par le petit navire qui y étoit embossé , et dont la garde avoit pris la fuite , ni par les deux pièces de canon qui battoient ce passage et qui ne firent pas même feu , étoit parvenue dans le bassin du port. Les généraux Merret et Goore commandoient cette attaque. Le premier, à la tête d'une partie de cette colonne, s'étoit emparé de l'arsenal et des bastions 15 et 14 , et étoit arrêté par trois cents Français qui bivouaquoient toutes les nuits dans le nouveau magasin à pou-

Deuxième colonne d'attaque, du côté du port.

5

dre, et auxquels s'étoient ralliés ceux des nôtres qui avoient abandonné les bastions 15 et 14 ; le second, avec le reste de la même colonne, débouchant également du bassin du port, avoit pris aussi de revers les bastions 1 et 2, et s'en étoit rendu maître.

Sur le rapport fait au gouverneur, qui étoit sur la place d'armes, au milieu de ses réserves, que tout alloit bien à la porte de Steenberg, mais que l'ennemi étoit entré en force au quartier du Port, il donna ordre de s'y porter à presque tous les détachemens ( *n* ) qui l'entouroient, composés de marins, d'artillerie, de vétérans, et de la demi-compagnie de mineurs ; il les fit précéder de plusieurs pièces d'artillerie mobile, les unes servies par les canonniers de la garnison, les autres par les marins ; le capitaine du génie, Gageot, et plusieurs gardes du génie accompagnèrent ces troupes qui partirent au pas de course.

Elles étoient déjà au port, lorsque, du côté opposé, une fusillade encore plus forte que les deux premières, accompagnée des cris de *victoire, victoire*, et d'*Orange bauwe*, se fit entendre : c'étoit le général Goore qui, à la tête des siens, arrivoit par le rem-

part, à la porte d'Anvers. Pendant que nos
réserves, quittant la place d'armes, où elles
étoient à portée de secourir les portes d'Anvers et de Breda, s'étoient rendues à la porte
d'Eau, par la fausse porte et le long des quais,
le général Goore avoit au contriare quitté la
porte d'Eau, pour se porter, par le rempart,
à la porte d'Anvers et à celle de Bréda. Il
avoit laissé des détachemens pour contenir
les nôtres sur les quais, et accompagné
du lieutenant - colonel Carleton, et suivi
du reste de ses troupes, il avoit fait une
large brèche aux palissades qui séparent le
demi-bastion 2 du grand bastion 3 ; il avoit
pris en flanc ceux de la garnison qui bor-
doient le parapet des fronts du midi, en
avoit tué quelques-uns, en avoit fait prisonnier un plus grand nombre, et, chassant
les autres devant lui, étoit arrivé à la porte
d'Anvers, pour l'ouvrir au général en chef
lord Graham qui, à la tête de sa cavalerie
et de son artillerie, étoit sur la chaussée
d'Anvers, prêt à entrer en ville. Les cris que
nous entendions annonçoient aux Anglais
du dehors que leurs compatriotes, maîtres
de l'intérieur de la ville, alloient leur en
ouvrir les portes, et le fameux *Orange bauwe*

annonçoit aux habitans que c'étoit le moment de sortir de leurs maisons, et de faire
cause commune avec leurs libérateurs qui
portoient tous un ruban orange en signe
d'alliance.

Le général Goore s'empara du corps-de-
garde de la porte d'Anvers, plaça deux détachemens, l'un sur le pont-dormant pour
baisser le pont-levis, l'autre à l'entrée de
la rue d'Anvers, pour contenir les nôtres
qui étoient de garde à cette porte, et qui
s'étoient repliés dans cette rue; poursui-
vant toujours le cours de ses succès le long
des remparts, il marcha droit à la porte de
Bréda, afin de l'ouvrir également à une
troisième colonne anglaise qui l'attaquoit
extérieurement, et qui s'étoit déjà emparée
des ouvrages avancés. Le général Goore ne
trouva qu'une foible résistance dans les bastions 6 et 7 et le long de la courtine 6-7,
mais enfin le chef de bataillon *Baron*, à la
tête du 12$^e$, le reçut de pied ferme au bastion 8 ( *o* ).

Troisième co-
lonne d'attaque,
à la porte de
Bréda.

Notre garde, à la porte de Bréda, se
trouvoit ainsi menacée, sur son flanc droit,
par le général Goore qui arrivoit intérieurement pour ouvrir cette porte, et attaquée

en face extérieurement par cette troisième
colonne anglaise qui avoit filé sur la
glace (*p*), auprès du glacis coupé qui est à
gauche, s'étoit emparée des ouvrages avancés, et espéroit que les Anglais du dedans,
dont elle entendoit les cris, de *victoire*, alloient lui ouvrir la porte. Son but étoit,
dans le cas contraire, de pénétrer en ville
par la grande écluse du front 9-10.

Cependant une quatrième colonne d'attaque nous faisoit courir encore de plus grands
dangers. Elle étoit composée de la garde
royale, sous les ordres du général Cooke.
Elle avoit passé au midi, au delà du camp
retranché, avoit longé le pied de la redoute
n°. 3 que nous occupions, et chose inconcevable, tant les d'*Assas* sont rares, sans
que notre garde, dans un ouvrage revêtu et
fermé à la gorge, eût tiré un seul coup de
fusil, ne fût-ce que pour donner l'éveil à la
garnison. Elle s'étoit dirigée d'abord au pied
du glacis du front 4-3. Son but étoit d'en
passer le fossé sur la glace, et d'escalader,
malgré les abatis que nous y avions placés,
l'escarpe en terre et en pente très-douce de
tout ce front, et de faire ainsi sa jonction
avec la 2<sup>e</sup>. colonne d'attaque qui étoit entrée

en ville par le chenal et le bassin du port;
mais arrêtée par les glaces qui étoient brisées (*q*), cette quatrième colonne avoit été
forcée de revenir sur ses pas. Parvenue au
bâtardeau, dit Orange, qui sépare les fronts
revêtus en maçonnerie des fronts en terre
à fossés plein d'eau, elle avoit, à gauche
de ce bâtardeau, posé tranquillement dix
échelles pour descendre dans les fossés,
avoit remonté l'escarpe à l'aide de dix autres
échelles, et étoit entrée dans le bastion
Orange sans trouver le moindre obstacle
sur un terrain déjà balayé par les troupes
du général Goore.

Le général Cooke envoya de suite, sur sa
droite, des renforts à la division du général
Goore; il fit sa jonction sur sa gauche avec
ceux que ce même général avoit laissés à la
porte d'eau et avec les troupes du général
Skerret, et fit marcher en avant le reste de
ses troupes, qui se précipitèrent du rempart dans les jardins qui sont en arrière
des maisons du quai, occupèrent ces maisons, et fusillèrent par les fenêtres, à bout
portant sur ce quai, les nôtres pris en flanc,
en queue et en tête (*r*).

Résumé des quatre attaques.

Ainsi, sur quatre colonnes d'attaque, deux,

savoir : la seconde par le bassin du port, et la
quatrième par le bastion Orange, étoient en-
trées en ville sans éprouver de résistance.
Une partie de la seconde colonne, sous les ordres du général Skerret, occupoit le quartier
de l'arsenal à droite du bassin du port, et
parvenue dans le bastion 13, menaçoit sur
notre gauche la porte de Steenberg attaquée
en face par la première colonne ; le général Goore, à la tête de la deuxième partie
de la seconde colonne, avoit laissé à la porte
d'Eau et sur le quai, des détachemens pour
contenir les nôtres, et d'autres à la porte
d'Anvers, pour l'ouvrir au général en chef
en station sur la route d'Anvers ; il com-
battoit avec le reste au bastion 8, et menaçoit la porte de Bréda, également attaquée
en face par la troisième colonne qui en occupoit les ouvrages avancés ; enfin, le général
Cooke, à la tête de la quatrième colonne,
envoyoit des renforts aux généraux Goore
et Skerret, et maître, avec le reste de ses
troupes, des rues qui, au midi aboutissent
au quai et des maisons sur ce quai, enveloppoit tous les Français qui jusqu'alors
s'étoient maintenus sur la gauche du pont.
Sur quatre portes, l'ennemi étoit en posses-

sion de la porte d'Eau ; il essayoit de baisser le pont-levis de la porte d'Anvers, et menaçoit les deux autres intérieurement et extérieurement. Sur quinze bastions et même seize, il n'en restoit que quatre en notre pouvoir, ceux 9, 10, 11 et 12. Notre grosse artillerie, dans ces mêmes bastions, faisoit d'ailleurs un feu d'enfer, et toujours à mitraille, sur les ouvrages avancés de la porte de Steenberg, sur ceux de la porte de Bréda et sur ceux de l'écluse du front 9-10 encombrés par l'ennemi. Notre artillerie mobile, à la tête de nos petites colonnes, foudroyoit tout ce qui se présentoit dans les rues et sur les quais : on s'y battoit avec fureur, ainsi qu'au bastion 13, à la porte d'Anvers et au bastion 8 ; des patrouilles et des hommes isolés se prenoient souvent corps-à-corps dans les rues, sur-tout dans celles qui aboutissoient aux remparts. Une vingtaine de gendarmes, commandés par le lieutenant Rouet, et la garde de police, composée d'une cinquantaine d'hommes, rangés en bataille devant le corps-de-garde de la place d'armes, formoient, avec une pièce mobile, notre seule réserve.

Dans ce moment critique où nous étions

aux prises avec les Anglais sur tant de points différens, nos soldats arrivent de toutes parts sur la place d'armes en criant : *des cartouches ! des cartouches ! nous n'avons plus de cartouches !* Les gardes d'artillerie, chargés de cette distribution, avoient été faits prisonniers à l'arsenal ; les clefs qu'ils portoient avec eux étoient entre les mains de l'ennemi. Quelques officiers et des gendarmes rallient ces soldats, le garde du génie, Moreau, leur distribue des haches et des leviers, et les conduit vers trois petits magasins à poudre entre les portes de Steenberg et de Bréda, les seuls, sur vingt-deux pareils, dont nous restassions maîtres ; les portes en sont enfoncées, et les soldats chargés de paquets de cartouches pour eux et pour leurs camarades, retóurnent à leur poste ; l'espoir renaît, et les différens combats recommencent avec une nouvelle fureur.

Le temps étoit superbe, un beau clair de lune commençoit à dissiper les ténèbres de la nuit ; on voyoit déjà suffisamment pour se bien reconnoître, et pour diriger tous les mouvemens : il pouvoit être environ onze heures et demie.

Dès auparavant, le général Goore, qui de succès en succès avoit parcouru plus de la moitié de nos remparts, depuis l'entrée du port jusqu'au bastion 8, et qui avoit affaire au bataillon du 12ᵉ, commandé par le brave *Baron*, après avoir reçu une décharge à bout portant, avoit perdu plus de trois cents hommes et la plupart de ses officiers, entre autres le lieutenant-colonel Carleton ; il avoit été obligé de se replier au bastion 6, et sur les détachemens qu'il avoit laissés à la porte d'Anvers. Ceux-ci, inquiétés par notre feu qui partoit de la rue d'Anvers, n'avoient pu venir à bout de baisser le pont-levis : l'adjudant de place Dourin, chargé de la défense de cette porte, qu'il avoit été obligé, avec la garde, d'abandonner dans le premier moment, étoit revenu à la charge avec la seule pièce d'artillerie mobile qui restât disponible. Le mouvement rétrograde des Anglais fut arrêté en tête par notre mitraille, en même temps qu'ils étoient poursuivis, depuis le bastion 8, par le bataillon du 12ᵉ.

Le général Goore et les débris de sa troupe ne pouvoient nous échapper, quand une partie du 1ᵉʳ régiment des gardes anglaises,

avec son commandant le lieutenant-colonel
Cliston, envoyé du bastion Orange, par le
général Cooke, au secours de ses compatriotes, arriva par le rempart, à la porte d'Anvers, avec une telle rapidité, que nous
n'eûmes pas le temps de diriger, sur ces
nouveaux assaillans, notre pièce d'artillerie
mobile ; ils s'en emparent et, sans perdre
de temps à en faire eux-mêmes usage, ils
font sur nous une décharge générale de
mousqueterie et nous refoulent à la baïonnette jusqu'au milieu de la rue d'Anvers.
La queue de notre colonne, qui plioit toujours, touchoit déjà au corps-de-garde de
la place d'armes ; un pas rétrograde de plus
de notre part, les Anglais étoient sur la
grande place et maîtres de la ville. Le major Hugot de Neuville prend les cinquante
hommes qui étoient en bataille devant le
corps-de-garde, et quelques gendarmes,
gagne la tête de notre colonne qui se groupe
autour de lui ; des officiers ramènent nos
fuyards qui s'éparpilloient déjà et qui vien-
nent prendre place à la queue de la colonne.
Elle forme enfin une phalange serrée dans
la rue d'Anvers, ou plutôt il n'y avoit plus

ni rang, ni ordre de part et d'autre : pressés dans cette rue, les combattans ne pouvoient ni recharger leur arme, ni en faire usage ; c'étoit un flux et un reflux successif. Notre pièce d'artillerie fut prise et reprise sans avoir été tirée une seule fois. Cependant le major de Neuville gagnoit du terrain. Le général Goore, abandonné par son guide qui s'étoit enfui, étoit déjà mortellement blessé ; un grand nombre d'officiers supérieurs anglais étoient tués, quand le lieutenant-colonel Cliston tomba mort. Dèslors la déroute des Anglais fut complète : laissant la rue, les environs de la porte d'Anvers et le bastion 6 jonchés de morts et de mourans, et entre nos mains beaucoup de prisonniers, ils regagnèrent en petit nombre, par le rempart, le bastion Orange d'où ils étoient partis.

Les nôtres les y poursuivirent ; mais, arrivés au-delà du point A, ils furent assaillis à leur tour dans le bastion Orange, en face, par les troupes du général Cooke, et sur la droite, par la mousqueterie qui partoit des fenêtres des maisons du port ; les Français se replièrent à leur tour jusqu'à la porte d'Anvers ; ils n'y furent point poursuivis ; et le bastion 5 , tant on étoit fatigué , resta désert entre les combattans.

D'un autre côté, en dehors de la porte de Bréda , les Anglais de la troisième colonne d'attaque, n'entendant plus sur les remparts les cris de victoire de leurs compatriotes, ni ne voyant baisser le pont-levis, s'étoient dirigés vers l'écluse d'inondation faisant poterne au milieu de la courtine 9-10 , afin de pénétrer par-là dans la ville; mais ils avoient trouvé la glace des fossés brisée et n'avoient pu aller plus avant. Enfilés et écharpés des canons des bastions 9 et 10, ils s'étoient retirés, après une grande perte : plusieurs étoient tombés dans l'eau à travers les glaçons , entre autres , leur guide, le capitaine de Beer, officier de mérite et habitant distingué de Berg-op-zoom , où il avoit beaucoup d'influence et de nombreuses intelligences. Blessé mortellement et ayant de l'eau jusqu'aux épaules , il offroit sa montre et sa bourse à ceux de nos soldats qui viendroient à son secours.

Le succès qui , dès le commencement de l'action, s'étoit déclaré en notre faveur à la porte de Steenberg, avoit fini d'une manière dre en ville à no-tre discrétion.

non moins heureuse qu'aux deux autres portes : les Anglais, qui étoient dans le réduit servant de demi-lune et dans les ouvrages avancés, ne pouvant ni reculer, ni avancer sous le feu de notre canon constamment à mitraille, avoient eu pour la plupart le sort de leurs camarades de l'avant-garde : un petit nombre avoit pu s'enfuir ; les autres, presque tous blessés, parmi lesquels se trouvoit leur commandant qui l'étoit grièvement, s'étoient traînés sous la descente voûtée qui du réduit conduit au fossé du corps de la place. Entassés pêle-mêle dans ce souterrain avec notre propre garde, faite prisonnière par eux au commencement de l'action, ils ne pouvoient, sous le feu de la place, en sortir par l'ouverture supérieure, ni par celle inférieure, sans trouver une mort certaine. Ils offroient de se rendre à discrétion, et nous supplioient de les recevoir en ville, afin de faire panser leurs blessures. Il eût fallu baisser le pont-levis, ce que nous ne pouvions faire au milieu d'une action si chaude, et dont le succès étoit encore si douteux.

Résultat des combats précé-dens.

En attendant, le résultat de succès si heureux, dans tant de combats différens, contre

nos ennemis intérieurs et extérieurs, étoit
que nous restions paisibles possesseurs des
trois portes de la ville proprement dite, que
plus de la moitié de nos remparts étoit re-
conquise, que la perte des Anglais, surtout en officiers supérieurs, étoit très-
grande, que nous avions fait beaucoup de
prisonniers, et qu'un de leurs trois généraux
étoit mourant entre nos mains. Enfin, ce
qui étoit supérieur à tout, le moral de ceux
des nôtres qui avoient été d'abord intimi-
dés, avoit repris de l'énergie, et toute la
garnison étoit remplie d'ardeur.

Mais ceux chargés de la défense du quartier du Port, et presque toutes nos réserves
qui y avoient été envoyées au commencement de l'action, tout en combattant avec
le même courage que dans la ville proprement dite, étoient loin d'avoir obtenu les
mêmes avantages : ils s'étoient soutenus
long-temps, à l'aide de plusieurs pièces d'artillerie mobile qui balayoient les ponts, les
quais et les rues par où l'ennemi cherchoit
à déboucher pour venir à eux; mais quand
les troupes du général Cooke, composant la
quatrième colonne d'attaque, se furent em-
parées des maisons du quai à gauche du

bassin, la position des nôtres, comme nous l'avons dit, n'étoit plus tenable. Les uns avoient fait leur retraite, en suivant ce quai jusqu'à la fausse porte, et y tenoient ferme à l'aide de leur artillerie mobile, tandis que les autres, pour éviter de défiler sous la mousqueterie des maisons du même quai, avoient préféré traverser le bassin du port sur le grand pont; ils en avoient, après leur retraite, levé le pont-levis qui est au milieu, afin de n'être pas poursuivis, avoient gagné sur la droite le quai opposé, et fait leur jonction avec ceux de la garnison qui combattoient au bastion 13.



Nous y avons laissé aux prises, avec les Anglais commandés par le général Skerret, un piquet de trois cents Français sur lequel s'étoient repliées notre garde de l'arsenal et celle des bastions 14 et 15. Le bastion 13, en partie vide, présentoit un champ de bataille plus varié que les autres. Un moulin à vent le dominoit, les Anglais s'en étoient emparés; c'étoit pour eux une espèce de citadelle autour de laquelle ils se rallioient. Les nôtres se rallioient, de leur côté, autour du nouveau magasin à poudre. Nous commencions à plier, quand le

capitaine Codercq arriva à la tête des marins dont il étoit le chef. Il tenoit son épée
d'une main, et de l'autre un des nombreux
pistolets qui garnissoient sa ceinture; et
crioit à ses camarades : *à l'abordage !* mes
amis, *à l'abordage !* il leur fait croiser la
baïonnette et, sans tirer un coup de fusil,
fonce sur l'ennemi. Le mouvement de la colonne anglaise est arrêté, et le général Skerret est mortellement blessé ; mais, peu de
temps après, l'intrépide Codercq est lui-
même frappé d'une balle et tombe sans vie.
Le capitaine Daguai lui succède ; il est secondé par les officiers de marine qui veu-
lent venger la mort de leur chef. Dans
le nombre, arrive du bastion 12, le capitaine Evrard avec trois pièces d'artillerie mobile confiées à sa valeur, et qu'il pointoit
presque toujours lui-même ; les marins
sont secondés par le chef de bataillon Lombart à la tête du 51$^e$ et par le 17$^e$. Enfin,
après des succès variés, nos troupes parvinrent à chasser les Anglais du moulin à vent
et du bastion 13, et à les rejeter dans les bastions 14 et 15.

La marée, qui remontoit, commençoit à
remplir le bassin du port ; les Anglais, re-

Belle défense
de l'ennemi aux
bastions 14 et 15.

poussés dans ces bastions 14 et 15, et vers
l'arsenal, y étoient comme bloqués, et ne
pouvoient entretenir de communication
avec le général Cooke qui tenoit la partie
gauche du port, qu'en traversant le bassin
sur un petit pont tournant F large de quinze
pouces ; abandonnés à eux-mêmes, ils se dé-
fendirent avec une intelligence et une opi-
niâtreté dont l'histoire offre peu d'exemples
et qui méritent d'être rapportées. Il y avoit
dans le bastion 14, en D, des piles de grosses
palissades qui provenoient des arbres du
rempart, et qui y étoient restées en attendant
que le dégel permît de les employer. Les
Anglais retournèrent contre nous nos pièces de 24 destinées à enfiler la digue de
Tholen, et les chargèrent avec nos propres
munitions ; ils n'y laissèrent que quelques
hommes pour y mettre le feu, et il se reti-
rèrent derrière les piles de palissades. Les
Français, avec leurs pièces d'artillerie volante, ayant débouché de la courtine 13·14,
en doublant le point C, les Anglais les mi-
traillèrent en tête avec ces pièces de gros
calibre, et les prirent en flanc par une fusillade meurtrière qui partoit de derrière
les piles ; les Français furent obligés de ré-

trograder avec perte , et de se mettre à couvert à leur tour sur le revers de la courtine
brisée , et dans le bastion 13. Les Français
revinrent à la charge ; mais , chaque fois les
Anglais recommencèrent la même manœuvre , et les forcèrent de se replier sur les
mêmes points , et de s'y mettre de nouveau
à couvert. Heureusement les Anglais diri-
geoient habituellement ou trop haut , ou
trop sur notre gauche, ces grosses pièces,
difficiles à manœuvrer sur des plate-for-
mes alors inverses , sans quoi nous eussions
été exterminés sous ce feu de mitraille presque à bout portant. Cependant nos pertes ,
surtout en officiers, se multiplioient , et
notre artillerie légère souffroit l'impossible.

Pendant que ces attaques successives et
sanglantes avoient lieu sur le front 13-14 ,
nous tenions toujours en respect, au moyen
de trois pièces d'artillerie légère, à la fausse
porte , les ennemis sur le port ; et nous en
imposions, au moyen d'une autre pièce et de
quelques foibles reconnoissances, à la partie
des troupes du général Cooke placée au-delà
du point A. Elles occupoient le rempart , la
rue du rempart qui leur offoit des tour-
nans à l'abri de notre feu , et un vaste sou-

Les forces se<br>balancent sur les<br>autres points.

terrain destiné à l'hôpital militaire de siége, dont ils avoient enfoncé les portes ; elles étoient aussi à couvert derrière les haies et les clôtures des jardins qui sont entre les maisons du quai et le rempart. Le général anglais avoit établi son quartier général au centre, dans un petit belvedère très-solidement construit, d'où il dominoit notre seul débouché au point A. Tous ceux des nôtres qui cherchoient à le doubler y trouvoient une mort inévitable.

Ainsi, on ne se battoit plus que sur trois points : à la droite, sur le rempart 13-14, sans que les uns ni les autres pussent doubler le point C ; à la gauche, depuis le bastion Orange jusqu'à la porte d'Anvers, sans pouvoir dépasser le point A ; et au centre, à la fausse porte, où il ne falloit rien moins que tous les efforts de notre artillerie mobile pour empêcher l'ennemi de se former sur les quais, et de forcer cette porte et les petits passages collatéraux. Il ne restoit plus d'Anglais dans la ville proprement dite, excepté cinq à six qui s'étoient réfugiés dans une maison à côté du magasin du génie, où ils restèrent jusqu'à la fin de l'action, et d'où ils fusilloient ceux qui pas-

Situation des choses entre deux heures et demi et trois heures du matin.

soient dans la rue. Des balles siffloient fré-
quemment dans les autres rues, et jusqu'au
centre de la ville sur la place d'armes, et
nous y blessoient ou tuoient du monde.
Nous crûmes un moment quelles partoient
des fenêtres de particuliers connus par leur
dévouement à la Maison d'Orange ; mais elles
venoient des remparts, des autres points
où l'on se battoit, et sur-tout des canons
chargés à mitraille que l'ennemi avoit re-
tournés contre nous. Mais si l'ordre donné
de tenir les portes et les fenêtres fermées,
étoit ponctuellement exécuté dans la ville
proprement dite, il n'en étoit pas de même
dans le quartier du port où beaucoup d'habitans, surtout des marins, avoient arboré
la couleur orange, et s'étoient ralliés aux
Anglais. Les forces des combattans de part
et d'autre paroissoient en équilibre, et souvent épuisées ; il y avoit des intervalles de
temps où, au bruit des fusils, des canons,
et à des cris épouvantables, succédoit le
plus profond silence. Tel étoit l'état des
choses entre deux heures et demie et trois
heures du matin. Le ciel étoit serein, le
temps calme, il geloit à peine, et la lune

donnoit une clarté qui permettoit de voir presque comme en plein jour.



Ce fut alors qu'un colonel de la garnison, qui venoit de faire la reconnoissance générale de la place, exposa que nos attaques partielles et isolées pour chasser l'ennemi des remparts et du quartier du Port, étoient infructueuses et le seroient tant que nous n'y mettrions pas plus d'ensemble, et que nos forces ne seroient pas centralisées ; il observa que plus de la moitié de la garnison occupoit les fronts depuis la porte de Steenberg jusqu'à la porte d'Anvers, espace de terrain où, depuis deux heures, nos troupes étoient complètement inutiles, puisqu'il n'y restoit pas un seul ennemi intérieur ni extérieur à combattre. Il proposa d'en former trois colonnes pour renforcer notre centre à la fausse porte, notre droite au bastion 13, et notre gauche au bastion 5, de nous tenir sur la défensive jusqu'à ce que toute la garnison fût ainsi rassemblée sur ces trois points d'attaque, de reprendre alors une offensive bien décidée, et, sans donner le temps à l'ennemi de se reconnoître, de le pousser avec la dernière vigueur jusqu'à ce qu'il eût mis bas les armes ou qu'il fût rejeté par-delà les remparts. Le gouverneur adopta à l'instant cet avis. Il confia à celui qui le donnoit, la direction de la colonne de droite ; au chef de bataillon Lespez, secondé par le capitaine du génie Gageot, celle de gauche ; il ajouta ensuite que c'étoit le moment de vaincre ou de mourir, et que, voulant en donner l'exemple, il se réservoit le commandement spécial de la colonne du centre ; il désigna le chef de bataillon du génie, Leclerc, pour l'accompagner.

Le Major de Neuville, qui s'étoit couvert de gloire au combat de la porte d'Anvers, et qui, depuis le commencement de l'action, donnoit des ordres ou transmettoit ceux du gouverneur avec le même sang-froid qu'il le faisoit journellement à la parade, fut présider au rassemblement et à la formation des colonnes. Il fit prévenir en même temps les nôtres qui combattoient depuis si long-temps sur les mêmes points, d'y rester sur la défensive, mais d'y tenir ferme jusqu'à l'arrivée du reste de la garnison qui alloit venir à leur secours.

Il étoit à craindre que les Anglais, dont

Précautions
pour déconcerter

les projets de
l'ennemi.

le feu se ralentissoit comme le nôtre, ne fissent de leur côté à-peu-près la même manœuvre que nous, et ne convinssent de telle ou telle heure pour reprendre tous à-la-fois l'offensive. Le succès appartenoit évidemment, après tant d'actions isolées et infructueuses, de part et d'autre, et d'après la lassitude et le découragement qui sembloit accabler les deux partis, à celui qui parviendroit le premier à réunir ses moyens d'attaque, et à en faire usage simultanément. La marée haute ne permettoit plus à l'ennemi de recevoir des renforts par le bassin du port, ni par la porte d'Eau toujours en son pouvoir, mais tout nous portoit à croire que l'ennemi du dedans, pouvant, par ses nombreuses échelles, communiquer par le bastion Orange, avec le reste de l'armée anglaise, à-peu-près comme si les portes eussent été ouvertes, recevoit de nouvelles forces dont il feroit usage au point du jour. Nous présumâmes que le son de la grosse cloche, qui chaque matin précédoit le jour, serviroit de signal à l'ennemi pour fondre sur nous, en même temps que des colonnes extérieures recommenceroient les attaques aux portes, et que les habitans de la ville imitant les marins du port, se joindroient à eux. D'après ces craintes et ces conjectures communiquées par le même colonel au gouverneur, celui-ci fit arrêter l'horloge de la ville, et se fit amener le sonneur public, auquel il déclara qu'il le feroit pendre s'il donnoit un seul coup de cloche ; il le fit de plus garder à vue par deux gendarmes.

Cependant nos trois colonnes d'attaque s'étoient formées, et étoient rendues à leur poste. Le point du jour ne devoit pas tarder à paroître ; le gouverneur crut pouvoir, sans risques, donner ordre de l'attendre ; il fut arrêté que l'attaque commenceroit par la colonne de droite, et que le tambour qui y battroit la charge, seroit également le signal pour les deux autres colonnes.

Le 51ᵉ, commandé par le chef de bataillon Lombart, occupoit la tête de la colonne de droite dans le bastion 13 ; il étoit suivi du 17ᵉ commandé par le capitaine Jacquain, en l'absence du capitaine Delaume mis hors de combat. Le 12ᵉ venoit ensuite, commandé par le chef de bataillon Baron qui exhortoit ses soldats à terminer cette affaire comme ils l'avoient commencée au bastion 8

Des troupes de la marine s'y trouvoient, comme partout où il y avoit plus de dangers à courir. Plusieurs des plus braves et des plus lestes de ces marins se chargèrent de se glisser le long de la haie vive plantée sur la berme qui couronne le demi-revêtement de l'escarpe, et d'aller, dans le bastion 14, prendre à dos les anglais toujours tapis derrière les piles de palanques, en même temps que notre colonne se précipiteroit dans ce bastion. Les trois pièces d'artillerie mobile commandées par le capitaine de marine Evrard, étoient toujours là; mais, cette fois, cet officier étoit forcé d'être à la queue de la colonne, car l'ordre étoit donné de ne tirer ni un coup de fusil, ni un coup de canon, et de ne faire usage que de la baïonnette. Le capitaine Denis, commandant en chef l'artillerie qui, depuis le premier coup de canon qu'il avoit tiré lui-même à la porte de Steenberg, s'étoit trouvé à dix combats différens, étoit encore présent à celui-ci. Nous avions soin, en attendant l'heure du combat, de continuer comme auparavant, une foible fusillade.



Il eût été difficile de connoître, dans les rues de la ville, le point du jour, et même long-temps après, tant la lune donnoit de clarté ; mais la colonne étoit formée sur l'emplacement le plus élevé de la fortification ; nous nous tournions souvent, la crainte et l'espoir dans le cœur, pour voir, vers l'orient, le signe précurseur du jour et de notre destinée. Enfin il paroît d'une manière non équivoque ; le tambour bat la charge, la courtine brisée est doublée par la tête de la colonne, en même temps que les marins gravissent le demi-revêtement en terre de l'escarpe et paroissent sur le parapet au-delà des piles de palanques. Les Anglais sont à-la fois tournés et pris de front ; tous ceux qui ne jettent pas leurs armes à terre sont tués ; les fuyards se précipitent dans le bassin du port, dans les fossés du corps de place et sur le batardeau hérissé de palissades : en moins de cinq minutes, sans tirer un coup de fusil, nous sommes maîtres des bastions 14 et 15.

En même temps que le 51e, le 17e et les marins balayoient ainsi les remparts à la droite du port, le chef de bataillon Baron, avec le 12e, étoit arrivé, à la queue de la colonne au bastion 14. Protégé par l'artillerie mobile placée au point C, qui foudroye, sur la gauche,

Le 12e. passe de la droite à la gauche du port, en chassant l'ennemi devant lui.

les Anglais dans les rues et sur les quais du port , ce bataillon tourne à gauche, descend la rampe, s'empare de l'arsenal et du corps-de-garde , traverse le bassin du port en courant sur le petit pont tournant F , vole droit à un autre corps-de-garde en face de ce petit pont , d'où les Anglais le fusilloient en tête , s'en empare, et , sans être arrêté davantage par la mousqueterie qui partoit de toutes les maisons du port , occupées par l'ennemi , continue de chasser devant lui une foule toujours croissante de fuyards qui , la baïonnette dans les reins, gagnoit à la course la porte d'Eau.

Une partie des ennemis évacue la place.

Les Anglais , en pénétrant dans la ville au commencement de l'action , par le bassin du port , n'avoient pas eu besoin de baisser le pont-levis de la porte d'Eau qui ne mène qu'au fort d'Eau ; ce pont-levis étoit resté levé. Les fuyards ne pouvant y passer, se jettent du pont-dormant dans les fossés , ou s'y précipitent par-dessus le parapet en terre du front 1-2. Les uns trébuchent dans les abatis, les autres tombent dans la cunette faite dans la glace ; tous ceux qui parviennent à franchir ces obstacles , courent à l'aventure sur les glacis et dans le petit polder qui est entre la ville et le fort d'Eau.

Bientôt ils y furent mitraillés par l'artillerie des remparts du front 1-2, tandis que
la garnison du fort d'Eau, prenant part à
l'action, les foudroya en tête. Ceux qui,
au lieu d'aller jusqu'au petit polder, cherchoient à s'évader sur la gauche, en lon-
geant, vers le midi, la queue du glacis,
étoient arrêtés par le canon de la redoute
n° 3 du camp retranché, dont la garde étoit
enfin revenue de sa léthargie de la veille.
Cependant la marée, qui avoit permis, huit
ou neuf heures auparavant, à ces mêmes
Anglais de passer à pied sec les schorres et
le chenal, leur fermoit en ce moment tout
passage; ainsi pas un ne pouvoit échapper.
Dès que nous nous aperçûmes qu'ils jetoient
leurs armes et qu'ils agitoient en l'air des
mouchoirs blancs, nous fîmes cesser le
feu et leur fîmes signe d'approcher sans
crainte. Beaucoup le firent; d'autres furent
recueillis au fort d'Eau où on leur tendit des
échelles pour y monter. Mais comme la
marée, qui continuoit de descendre, auroit
bientôt fini par laisser, à ceux qui restoient,
le passage libre, nous fîmes sortir quelques
patrouilles pour les ramasser et les ramener

prisonniers en ville ce qui eut lieu sans résistance. Beaucoup étoient blessés et tous
mouillés jusqu'aux épaules.



Pendant que ce succès complet avoit lieu
sur la droite du port, et à la porte d'Eau,
le gouverneur, à la tête de la colonne du
centre, avec le chef de bataillon Leclerc,
avoit cherché à deboucher de la fausse
porte; mais sa colonne, prise en tête et en
flanc par la fusillade qui partoit des maisons du quai, n'avoit pu y parvenir. Elle se
bornoit donc, comme auparavant, à l'aide
de ses pièces d'artillerie, à empêcher l'ennemi de sortir des maisons du port, et de
se former sur les quais dans le but d'attaquer cette fausse porte, et les passages collatéraux.



Le chef de bataillon Lespez, déja blessé,
secondé par le capitaine du génie Gageot,
avoit en vain pris l'offensive à la gauche.
Son foible bataillon, le 21e, et quelques détachemens de mineurs, de marins, de vétérans et de canonniers, avec une seule
pièce d'artillerie, composoient toute la force
de cette troisième colonne. Elle avoit débouché du bastion n° 5, où elle s'étoit
formée; elle avoit doublé la courtine brisée;

mais elle avoit à peine dépassé le point A,
qu'elle avoit été reçue, non-seulement
comme nos reconnoissances précédentes,
par une fusillade infernale, mais encore à
coups de canons que les Anglais avoient re-
tournés contre nous, comme leurs compatriotes auparavant, dans le bastion 14; elle
avoit été obligée de se retirer, après une
grande perte, dans le bastion 5.

Cependant les troupes du général Cooke,
opposées à cette troisième colonne, venoient d'être témoins du désastre de leurs
compatriotes sur la droite du port et à la
porte d'Eau; elles avoient à essuyer le feu
de l'artillerie légère et celui des grosses
pièces du front opposé 13-14, que le capitaine Denis avoit fait retourner vers la gauche du port, quand ces mêmes troupes furent attaquées sur leurs derrières, dans le
bastion 3, par le chef de bataillon Baron,
maître, avec le 12e, de la porte d'Eau. La
position des ennemis, cernés de toutes
parts, et les seuls dans la place qui combat-
tissent encore, ne fut dès-lors plus tenable:
ils se précipitèrent, par leurs échelles, hors
de la place; en un instant les glacis, vers le
midi, et tout le camp retranché furent

Ce qui reste de troupes au général Cooke est attaqué et cerné de tous côtés.

couverts de fuyards ; très-peu étoient arrêtés par le feu de gorge des cinq hommes qui
composoient la garde de chaque redoute 1
et 2 du camp retranché, lorsque notre artillerie de la demi-lune de la porte d'Anvers,
celle de la place d'armes rentrante B, et
celle du bastion 5, mirent fin, par un feu
bien nourri, à ce mouvement évasif.



Mais un nombre considérable d'Anglais,
presque tous du premier régiment des Gardes, tenoient toujours ferme. Soutenus par
l'exemple de leur général, ils se défendoient
avec le courage du désespoir sur le rempart,
dans les jardins, dans les maisons et sur le
quai. Le brave Lombart n'ayant plus d'ennemis à combattre sur la droite du port,
étoit accouru avec son bataillon au bastion
5, pour renforcer la colonne de gauche ; le
bataillon commandé par Baron, redoubloit
ses efforts contre le bastion 3 ; notre artillerie du front 13-14 ne tiroit plus qu'à obus
dans les maisons du port pour y mettre le
feu et en débusquer les Anglais ( *t* ) ; l'artillerie de la colonne du centre tiroit également-
ment, de la fausse porte, des obus sur les
maisons du quai ; le chef de bataillon du
génie, Leclerc, maître enfin des premières

de ces maisons, , près cette fausse porte, les faisoit remplir de combustibles; des voitures chargées de fascines goudronnées arrivoient pour incendier tout ce quartier, quand le lieutenant-colonel Jones, de la garde royale, prisonnier depuis long-temps, convaincu par les rapports unanimes des prisonniers (*s*) qui affluoient de toute part, de l'inutilité de la résistance qu'opposoient ses compatriotes, s'offrit, avec autant de générosité que de courage, *pour*, dit-il, *faire cesser cette inutile boucherie*. Le gouverneur accepta sa proposition, à condition que les Anglais qui se trouvoient encore dans la place mettroient bas les armes, . et seroient reçus prisonniers de guerre.

Le lieutenant-colonel Jones se dépouilla à l'instant de sa capote, afin d'être, au moyen de son uniforme très - apparent, reconnu de ses compatriotes ; il partit tenant sous le bras notre commandant d'artillerie le capitaine Denis ; ils avoient chacun un mouchoir blanc à la main, qu'ils agitoient en l'air. Ils se rendirent ainsi, bravant les balles des deux partis, sur tous les points où l'on se battoit encore. Le

7

feu cessa enfin de part et d'autre, mais non sans peine et sans danger pour les deux parlementaires.

Tous les Anglais furent faits prisonniers de guerre, et conduits, les officiers dans le corps de-garde sur la place d'armes et dans le café voisin, et les soldats dans la grande église. Le général Cooke se défendit le dernier dans son petit belvédère ( *x* ).

Résultat. Nous ouvrîmes enfin la porte de Steenberg à ceux qui, depuis la veille, pêle-mêle avec notre garde, dans la descente voûtée du réduit servant de demi-lune, offroient de se rendre à discrétion, et la porte de Breda aux blessés qui étoient restés depuis le soir dans les fossés de la cunette, entre autres au capitaine de Beer qui avoit guidé la colonne d'attaque, et qui mourut deux jours après de ses blessures. Ce ne fut qu'entre dix et onze heures du matin, c'est-à-dire, après une action de plus de douze heures, que le colonel, chargé de ce soin par le gouverneur qui avoit accompagné chez lui le général Cooke, put rassembler la garnison sur la place d'armes, ordonner les dispositions pour le reste de la journée, remercier, au nom du général, tous les corps, du sang-froid et du courage dont ils venoient de donner une preuve si éclatante, et congédier tous ceux qui ne devoient plus rester de service ( *y* ).

Nos soldats retrouvèrent quatre drapeaux dont un magnifique, qui étoit celui du premier régiment des Gardes anglaises ; ils les portèrent en triomphe chez le gouverneur.

Les officiers anglais eurent la faculté de se loger dans les auberges ; leurs épées leur furent rendues. Vu le grand nombre de prisonniers enfermés dans la grande église, et la foiblesse de la garnison, on plaça, en avant des portes de cette église, plusieurs pièces chargées à mitraille. Les soldats comme les officiers furent d'ailleurs traités avec les égards dus au courage et au malheur.

Sur la demande du général Cooke, le gouverneur permit que le lieutenant-colonel Jones sortît de la ville pour aller rendre compte au général en chef Graham, de l'issue malheureuse d'une action qui avoit commencé, pour son armée, d'une

7 *

manière si brillante. Sur trois généraux anglais qui étoient entrés dans la ville, un étoit mort, et l'autre mourut dans la journée. Le nombre des officiers tués ou blessés, surtout des officiers supérieurs étoit prodigieux. D'après le cartel d'échange qui eut lieu le lendemain 10, le nombre des soldats anglais en notre pouvoir se trouva être de deux mille soixante-dix-sept, tous nationaux. Il fut stipulé qu'officiers et soldats seroient prisonniers de guerre jusqu'à parfait échange ; qu'ils sortiroient de la ville, et s'embarqueroient pour l'Angleterre, qu'ils nous rendroient, dans les vingt-quatre heures, les prisonniers qu'ils nous avoient faits pendant l'action, et qu'ils avoient envoyés pendant la nuit à leur quartier-général, et qu'un nombre de prisonniers français, égal à l'excédant, seroit renvoyé immédiatement des prisons d'Angleterre en France. Un armistice de trois jours fut conclu pour donner le temps aux Anglais d'évacuer leurs blessés et pour enterrer leurs morts.

. Cette dernière opération fut longue et difficile à cause du grand nombre, et à cause de la terre gelée depuis si longtemps.

Environ 800 morts anglais furent mis dans de grandes fosses ; si à ce nombre on ajoute les 2077 soldats prisonniers, les officiers, ceux de tous grades noyés dans les fossés, dans le bassin du port et dans le Chenal ; ceux tués dans les schorres que la marrée emporta, les tués et blessés sur les glacis, et en-delà des glacis des portes de Bréda et de Steenberg, qui avoient été enlevés pendant la nuit par leurs compatriotes, on ne peut estimer la perte des Anglais en morts, blessés et prisonniers à, moins de 4000 hommes, ce qui est à-peu-près le nombre des fusils que nous avons ramassés.

De notre côté, outre une perte de plus de 100 prisonniers, nous avons eu près de 160 morts, et plus de 300 hommes grièvement blessés. Ainsi, après l'affaire, il ne nous restoit qu'environ 2000 hommes sous les armes ; nous ne tardâmes pas à nous débarrasser de nos trop nombreux hôtes : dès le 10 au soir nous leur ouvrîmes la porte de l'église et celle de Steenberg, par où ils défilèrent en présence de la garnison. Ils emportèrent religieusement les corps de leurs généraux et de plusieurs officiers supérieurs.

Pendant les trois jours d'armistice, qui se prolongèrent jusqu'à cinq, nous continuâmes d'avoir de fréquens rapports avec les officiers anglais qui venoient en ville pour l'évacuation de leurs blessés. Ces rapports eurent toujours lieu avec tous les égards réciproques. Des dîners se donnèrent de part et d'autre ; ils pouvoient être comparés, pour la franchise et pour la gaieté qui y régnoient, aux repas de corps donnés en pleine paix, par les officiers de deux régimens d'une même nation, en garnison dans la même ville.

Peu de temps après, l'armée anglaise se concentra vers Anvers, et fut remplacée devant Berg-op-Zoom par une armée hollandaise de nouvelle levée. Le bruit étoit généralement répandu qu'elle se proposoit de tenter une nouvelle surprise, et qu'elle se flattoit hautement de mieux réussir que les troupes de ses puissans alliés.

Précis de ce qui a eu lieu jusqu'à l'évacuation de la place.

De notre côté le dégel nous permit de perfectionner nos moyens de défense, et de nous opposer à ce dessein. Les fronts vis-à-vis de la mer, si foibles pendant la gelée, avoient alors six pieds d'eau dans les fossés, et étoient inattaquables ; mais l'entrée du port présentoit toujours le même accès ; elle fut entièrement fermée par un double rang de palissades, et la garde du navire qui en défendoit l'entrée fut confiée à des marins qui venoient de faire leurs preuves de fidélité et de bravoure. Le Gouverneur fit évacuer un certain nombre de maisons particulières dans le voisinage des points d'attaque ; il y fit caserner la plus grande partie de la garnison ; nous ne couchâmes plus qu'habillés, et chacun pouvoit être à son poste en cinq minutes.

Mais ce qui étoit préférable à tous nos moyens de défense et à toutes nos précautions, c'étoit le degré d'énergie où le dernier succès avoit monté le moral de la garnison. Le sort avoit voulu que le petit nombre de prisonniers faits par les Anglais appartinssent presque tous aux compagnies de vétérans. Ils avoient été accueillis avec indignation, à leur rentrée en ville, par nos jeunes conscrits. Les nobles épithètes de vieux *soudarts* et de *blancs-becs* se prodiguoient réciproquement. Mais il y en avoit de plus coupables que ceux qui s'étoient laissés prendre : c'étoient ceux qui, à la vérité en petit nombre, logés chez l'habitant, avoient eu l'ouïe si dure qu'ils n'avoient pu être éveillés par une fusillade et une canonnade de douze heures consécutives, et qui avoient paisiblement dormi toute la nuit. Ils étoient notés d'infamie, et les épithètes les plus expressives ne leur étoient pas épargnées. Aux injures eussent succédé des rixes graves, sans l'intervention du Gouverneur et des principaux officiers, qui parvinrent à diriger même la honte de ceux-ci à l'avantage de la défense commune. Toute la garnison ne parloit plus que de recevoir l'ennemi à la baïonnette, s'il s'avisoit encore d'escalader les remparts, et elle desiroit sincèrement que l'occasion s'en présentât.

Graces aux talens et aux soins infatigables du docteur Bancel, et à la gaieté qui régnoit même à l'hôpital, les blessures les plus graves guérirent promptement, et la fièvre disparut : enfin il ne fut plus question de désertion, même parmi les Flamans et les Belges qui, quoiqu'instruits que leur pays étoit occupé par les armées alliées, tenoient à honneur de faire partie d'une telle garnison.

Un seul fait, dont nous abandonnons le jugement aux militaires instruits, et que plusieurs trouveront peut-être à notre désavantage personnel, achevera de faire connoître l'esprit qui animoit cette garnison : le Gouverneur continuoit d'avoir des inquiétudes sur les habitans du quartier du port; il craignoit qu'ils ne favorisassent encore l'entrée de l'armée ennemie dans cette partie de la ville. Le colonel du génie, pour défendre la ville proprement dite contre ce quartier, le sépara par des abatis et des retranchemens, depuis la fausse-porte jusqu'aux remparts, de façon que la ville formoit contre le port un grand retranchement facile à défendre sur un très-petit front. Cet ouvrage étoit à peine achevé et armé, que toute la garnison s'éleva contre. « *Il ne s'agit pas de nous défendre avec des ouvrages et des canons,* disoit le moindre conscrit, *il s'agit de marcher sur l'ennemi à la baïonnette, au moment où il escaladera les remparts, et avant qu'il n'ait le temps de se former. S'il escalade les remparts, il escaladera ces retranchemens-ci, qui ne sont ni aussi forts ni aussi bien armés. Ces retranchemens ne peuvent que retarder tout mouvement offensif*, donc ces retranchemens ne valent rien. » Le colonel, à la suite d'une conférence qui eut lieu à ce sujet chez le Gouverneur, convint qu'avec une garnison animée d'un tel esprit, il pouvoit bien avoir tort; il fit raser son ouvrage.

C'est dans ces dispositions que l'armée hollandaise se présenta pour nous surprendre, le premier avril à trois heures du matin, et le 11 du même mois à dix heures du soir. La première fois on battit la générale quand tout le monde étoit déjà à son poste; la seconde fois tout le monde y fut également, et la générale ne fut pas même battue. Une cinquantaine de coups de canon, tous à mitraille, bien éclairés par des pots à feu, suffirent dans ces deux occasions pour que l'ennemi renonçât à ses projets. Nous crûmes même alors qu'il n'avoit voulu que connoître, par de simples reconnoissances, si nous étions sur nos gardes; ce ne fut que quelque temps après, par des rapports extérieurs, que nous apprîmes que ces deux attaques avoient eu, de la part de l'armée hollandaise, un but beaucoup plus sérieux que nous ne l'avions imaginé. Les Hollandais, après ces deux essais, renoncèrent à nous surprendre ; mais voulant toujours s'emparer de Berg-op Zoom, ils travaillèrent à des batteries et à des retranchemens contre la place. Il nous parut évident que ce n'étoit qu'un épouvantail : ils ne pouvoient, à cette époque, avoir l'intention de nous bombarder, par conséquent de brûler les maisons d'une ville qui devoit un peu plutôt, un peu plus tard, leur revenir intacte ; ils pouvoient encore moins faire un siége en règle, qui auroit exigé des moyens immenses qu'ils n'avoient pas, et qu'ils ne pouvoient se procurer ; aussi, tous leurs remuemens de terre, à une très-grande distance, nous donnèrent si peu d'inquiétude, qu'à peine nous tirâmes contre quelques volées de coups de canon.

La convention du 23 avril, qui ordonnoit l'évacuation des places étrangères, vint terminer un blocus extrêmement pénible pour nous, par le manque de viande fraîche, et à cause de la surveillance à laquelle, vu notre petit nombre, nous étions jour et nuit obligés. Cependant cette situation auroit pu se prolonger encore ainsi plusieurs mois.

Le drapeau blanc fut arboré le 24 avril ; nous évacuâmes Berg-op-Zoom le 3 mai , et nous rentrâmes sur le sol de l'ancienne France , par Dunkerque , où la garnison fut dissoute.

# NOTES.

(a) *Le Moniteur universel. — Mardi 22 mars 1814. — Extérieur. — Angleterre. — Londres, le 14 mars. — Département de la guerre.*

Les dépêches suivantes ont été reçues hier du général Graham :

Au quartier-général, à Calmhoot, le 10 mars.

Milord, j'ai la douleur d'annoncer à V. S. qu'une attaque sur Berg-op-Zoom, qui sembloit d'abord promettre un plein succès, a fini par échouer, et a occasionné une grande perte à la première division et à la brigade du général Goore.

Il est inutile de déduire les raisons qui m'ont déterminé à tenter de prendre d'assaut une telle place, puisque la réussite des deux colonnes qui se sont établies sur les remparts, avec une perte très-légère, doit justifier d'avoir couru ce risque pour atteindre un but aussi important que la prise de cette forteresse.

Les troupes employées ont été formées en quatre colonnes, ainsi qu'il est désigné ci-dessous (1). Le

(1) Première colonne, brigade des gardes, 1000 hommes,

n°. 1, la colonne de gauche, a attaqué entre les portes d'Anvers et du port ; le n°. 2 a attaqué la droite de la nouvelle porte ; le n°. 3 devoit seulement détourner l'attention de l'ennemi par une fausse attaque près de la porte de Steenberg, et être ensuite disponible suivant les circonstances ; la colonne de droite, n°. 4, a attaqué l'entrée du port, où, à la basse marée, l'on pouvoit passer à gué : l'heure avoit été fixée, en conséquence, à dix heures et demi du soir, le 8 de ce mois.

Le major-général Cooke a accompagné la colonne de gauche, le major-général Skerret et le brigadier-général Goore étoient tous les deux avec la colonne de droite ; c'est la première qui a pénétré dans le corps de place. Ces deux colonnes ont reçu l'ordre de longer les remparts de manière à former

---

sous le colonel lord Proby. Deuxième colonne, 250 hommes du 35e., 350 du 69e., 600 du 33e. ; total 1200 hommes, sous le lieutenant-colonel Morrice du 69e. Troisième colonne, 300 hommes du 91e., 100 du 21e., 150 du 87e. ; total, 650 hommes, sous le lieutenant-colonel Henri du 21e. Quatrième colonne, 300 hommes du 44e., compagnies légères des 21e. et 37e., 200 hommes, 600 des royaux ; total, 1100 hommes sous le brigadier-général Goore. Force totale :

Première colonne, 1000 hommes.
Deuxième colonne, 1200 *id.*
Troisième colonne, 650 *id.*
Quatrième colonne, 1100 *id.*

TOTAL, 3950 hommes.

une jonction aussitôt qu'il seroit possible, et aller ensuite balayer le rempart et assister la colonne du centre, ou forcer la porte d'Anvers.

Une difficulté inattendue au passage du fossé sur la glace, ayant obligé le major-général Cooke de changer le point d'attaque, il s'en est suivi un délai considérable, et cette colonne n'a gagné le rempart qu'à onze heures.

Dans l'intervalle, la déplorable mort du général Goore et du lieutenant-colonel Georges Carleton, et la blessure dangereuse du général Skerret ayant privé la colonne de droite de leur habile direction, elle se mit en désordre, et essuya une grande perte en tués, blessés et prisonniers.

La colonne du centre ayant été forcée de rétrograder avec une grande perte par le feu violent de la place (le lieutenant-colonel Morrice, son commandant, et le lieutenant-colonel Elphinston, commandant le 33ᵉ régiment, étant tous les deux blessés), elle se reforma sous les ordres du major Muttleburg, fit un demi-tour et rejoignit le général Cooke, laissant l'aile gauche du 55ᵉ pour emmener les blessés du glacis. Mais les gardes avoient aussi considérablement souffert pendant la nuit par le feu meurtrier dirigé des maisons sur leur position, et par la perte du détachement du 1ᵉʳ régiment des gardes qui, ayant été envoyé pour essayer de soutenir le lieutenant-colonel Carleton, et s'assurer de la porte d'Anvers, fut pris après la plus glorieuse résistance, qui coûta la vie à un grand nombre de braves officiers.

Au point du jour, l'ennemi ayant tourné les canons de la place, fit feu sur les troupes qui étoient sur le rempart à découvert, et la réserve de la quatrième colonne (les royaux écossais) se retira de la porte du port, suivie du 33ᵉ. Le 1ᵉʳ régiment se trouvant sous un feu croisé de la place et de la redoute du fort, mit bas les armes peu après.

Alors le général Cooke désespérant du succès, dirigea la retraite des gardes qui se fit dans le plus grand ordre, protégée par le reste du 69ᵉ régiment et de l'aîle droite du 55ᵉ (corps qui repoussa plusieurs fois l'ennemi à la baïonnette), sous la direction immédiate du major-général. Le général se trouva ensuite dans l'impossibilité de retirer ces foibles bataillons, et après s'être ainsi dévoué avec les vrais sentimens d'un bon soldat, il se rendit pour sauver la vie aux braves gens qui lui restoient.

Je voudrois bien rendre justice aux grands efforts et à la valeur éminente de tous les officiers qui ont eu des occasions de se distinguer; mais je n'ai pu encore recueillir assez d'informations.

Le général Cooke me mande qu'il est satisfait de la conduite de tous les soldats et officiers employés sous lui, faisant une mention particulière du colonel lord Proby, des lieutenans-colonels Cooke, commandant des gardes; de Goldstream-Merces, du 3ᵉ. des gardes; des majors Muttleburg et Iloq, comme méritant les plus grands éloges. Il regrète avec tout le corps, la perte grave que le service a faite par la mort de deux officiers très-distingués, le lieutenant-colonel Cliston, commandant le 1er. régiment des gardes, et le lieutenant-colonel James Macdonald, du même régiment. Ces deux officiers ont été tués avec beaucoup d'autres à la porte d'Anvers, et se sont tous comportés avec la plus grande intrépidité ; le lieutenant-colonel Jones, avec le reste du détachement, a été obligé de se rendre.

Votre seigneurie croira aisément que, malgré qu'il soit impossible de ne pas être sensible à notre mauvais succès dans cette attaque, je ne puis songer à présent qu'au profond chagrin que me cause la perte d'un si grand nombre de mes braves camarades.

J'ai l'honneur, etc.

## *Deuxième Dépêche du général Graham.*

Au quartier-général, à Calmhoot, le 11 mars.

Milord,

J'ai l'honneur d'informer votre seigneurie que le général Bizannet, gouverneur de Berg-op-zoom, a permis au lieutenant-colonel Jones de venir ici avec des lettres du général Cooke, en conséquence desquelles j'ai envoyé mon aide-de-camp, le major Stanhope, avec des pleins-pouvoirs pour conclure

un arrangement relatif à un échange de prisonniers, dont j'ai l'honneur de joindre copie, et
d'après lequel toutes nos troupes, excepté les blessés, sont sorties de Berg-op-zoom, hier, pour
être embarquées pour l'Angleterre aussitôt que la
rivière redeviendra navigable, et j'aime à croire
que ma conduite, en donnant ma parole d'honneur d'observer strictement cet arrangement, sera
approuvée, et qu'on mettra immédiatement en
liberté autant de prisonniers français d'après leurs
grades respectifs.

Je m'empresse de rendre justice à la conduite
du général Bizannet qui a déployé le caractère d'un
véritable brave en donnant des marques de bonté
et d'humanité aux prisonniers. Il m'a envoyé le nom
d'un officier prisonnier de guerre en Angleterre,
autrefois son aide-de-camp, et je serois bien aise
que, pour complaire à ce général, cet officier fût
immédiatement rendu sans échange.

J'ai l'honneur, etc.

### *Traduction.*

Ce jourd'hui 10 mars, le lieutenant-colonel
Jones, le lieutenant-colonel Stanhope, aide-de-
camp du général commandant les forces anglaises;
MM. Hugot-de-Neuville, major, et Leclerc, lieutenant-colonel du génie, ayant été nommés par
leurs généraux respectifs, et s'étant réunis pour
établir les conditions d'un échange de prisonniers,

et être soumis ensuite aux généraux en chef des
deux parties;

Les officiers anglais ont proposé :

Art. 1er. Il y aura une suspension d'hostilités
pendant trois jours, à commencer d'aujourd'hui
à midi, afin d'avoir le temps de prendre les arrangemens nécessaires pour l'exécution d'un échange
de prisonniers.

*Réponse.* Accordé.

Art. 2. Tous les prisonniers de guerre blessés
et autres appartenant à S. M. Britannique, seront
rendus, en donnant leur parole d'honneur de
ne pas servir contre la France ou ses alliés en
Europe, jusqu'à ce qu'ils soient régulièrement
échangés.

*Réponse.* Accordé.

Art. 3. Tous les prisonniers de guerre français,
blessés et autres, seront rendus et seront comptés
pour les prisonniers qui seront rendus à sa Majesté
britannique, ainsi qu'il a été stipulé à l'article pré-
cédent.

*Réponse.* Accordé.

Art. 4. Plusieurs des officiers et soldats de sa
Majesté ayant été dangereusement blessés, ils seront laissés dans la forteresse de Berg-op-zoom,
ainsi que deux officiers de santé, avec le nombre
nécessaire de gardes-malades, pour en avoir soin.

*Réponse.* Accordé.

Art. 5. Un bâtiment sera désigné pour servir

d'hôpital aux blessés anglais, et il sera permis aux officiers anglais de se loger chez les habitans à leurs propres frais.

*Réponse*. Accordé.

Art. 6. Lorsque les officiers ou autres Anglais blessés seront guéris, ils recevront des passe-ports du gouverneur de Berg-op-zoom, pour pouvoir parvenir aux postes des Anglais : il sera également permis de partir aux officiers de santé et aux gardes-malades, lorsque leur service ne sera plus nécessaire.

*Réponse*. Accordé.

Art. 7. Il sera permis au général commandant les forces anglaises de nommer un commissaire pour porter dans la place de Berg-op-zoom les objets qui manqueroient aux malades ; ce commissaire pourra aller et venir.

*Réponse*. Ces objets pourront être importés une fois par semaine, à un jour fixe, entre dix heures du matin et deux heures de l'après-midi ; ils seront déposés à une portée de canon, et de-là ils seront transportés dans la ville.

Art. 8. Les troupes des deux puissances resteront, pendant la suspension d'armes, dans les mêmes positions qu'elles occupent actuellement.

*Réponse*. Accordé.

Art. 9. Un officier anglais sera autorisé à rester dans la place de Berg-op-zoom pendant la suspension des hostilités, afin de régler ces différens arrangemens.

Réponse. Accordé.

Art. 10. Les officiers Anglais garderont leurs épées.

Réponse. Accordé.

Art. 11. Il sera permis de faire entrer des charriots pour le transport des malades.

Réponse. Accordé.

## Demandes des Français.

Art. 12. Un officier français sera envoyé avec les dépêches du gouverneur de Berg-op-zoom, pour annoncer au gouverneur d'Anvers le résultat de cet échange.

Réponse. Accordé. Il sera accompagné par un officier anglais attaché au quartier général jusqu'aux postes français devant Anvers.

Art. 13. Il sera fait une liste des officiers et soldats de sa Majesté britannique qui sont actuellement prisonniers de guerre à Berg-op-zoom, pour être jointe au présent traité d'échange.

Réponse. Accordé.

Art. 14. Il sera fait également une liste des officiers et soldats de l'armée française qui ont été faits prisonniers pendant la nuit du 8 au 9, et ils seront immédiatement rendus.

Réponse. Accordé.

Art. 15. Ces listes contiendront les noms des prisonniers, suivant leurs grades, et elles seront faites en double.

*Réponse*. Accordé.

On conclut à charge d'être approuvé par le général Bizannet, commandant en chef à Berg-op-zoom, et le général Cooke, officier supérieur des prisonniers de guerre dans cette place, muni des pleins pouvoirs du général Graham.

( *Suivent les signatures.* )

(*b*) Nous adressâmes, en sortant de Berg-op-zoom, cette première relation à deux généraux qui occupoient des places éminentes. Il est probable qu'ils en ont fait le dépôt dans les bureaux du ministère de la guerre, où elle doit se trouver. Nous n'avions point alors connoissance des rapports anglais, ni de quelques détails, concernant sur-tout les opérations de l'ennemi, que nous avons appris, ajoutés, ou rectifiés depuis. Nous devions présumer, à cette première époque, que le rapport du gouverneur, qui nous étoit alors et qui nous est encore aujourd'hui parfaitement inconnu, parviendroit à notre connoissance et à celle du public. Nous avions évité avec soin de nommer un seul individu, par la raison que n'étant que le second de la garnison, c'est-à-dire rien dans une place en état de siége, où le gouverneur doit être tout, ce n'étoit point à nous à être le dispensateur officiel de l'éloge ou du blâme; mais aujourd'hui que ce fait d'armes, d'après les événemens qui se sont succédés, est aussi ancien que les siéges du marquis de Spinola et du comte de Lowendal, il est du domaine de l'histoire, et nous avons, comme tout autre, le droit de lui fournir des matériaux.

(*c*) Lorsqu'après avoir vécu longtemps sur le Rhin, on vient en Hollande, on est fâché de n'y retrouver, presque nulle part, le nom de ce grand fleuve, quand on y trouve partout la Meuse qui n'est cependant qu'une bien petite rivière à son embouchure dans le Wahal, en comparaison de ce simple bras du Rhin. En visitant plus bas les bouches de ce fleuve, dans l'Océan, nous nous attendions, d'après les connoissances géographiques que nous (et tant d'autres) avions reçues dans notre enfance, à le voir *se perdre dans les sables*. Le Hollandsdiep, cependant, qui n'est qu'une des nombreuses ramifications de ce fleuve, a vingt fois. à marée basse, la largeur de la Seine à Paris, et sa profondeur est telle qu'on y voit flotter des corvettes et même des frégates. Ainsi, à l'aide de géographies imprimées et réimprimées depuis cent ans, on avoit, et beaucoup de personnes ont encore, en France, des notions aussi fausses sur l'embouchure d'un fleuve en partie français, que sur celle du Niger.

(*d*) Quoique ce qui suive soit absolument étranger à cet opuscule, on nous pardonnera de l'avoir ici inséré, faute d'avoir pu et de pouvoir le faire ailleurs : sachant que le général Pichegru, au printemps de 1797, étoit retiré dans une campagne de Franche-comté, nous lui écrivîmes, de l'armée du Rhin, pour l'engager à profiter de son loisir, pour composer ses mémoires. Voici une partie de sa réponse, écrite des Granges, le 27 Prairial an 4 : *J'y pense bien décidément, et déjà je suis à repasser quelques histoires militaires, non pas que je veuille en adopter la marche, ni les vues, mais seulement y puiser les idées qui me paroîtront convenir au projet que j'ai de traiter cette matière un peu philosophiquement. Je ne suis point assez habile pour donner des leçons sur l'art de la guerre, mais, le fussé-je, il me répugneroit de m'en occuper, dans la seule vue de perfectionner cet art homicide, dont la plupart de ce que nous appelons les régles et les lois, appartiennent plus au douzième siècle qu'à celui où nous vivons. Je me bornerai donc à rendre succinctement tous les faits militaires dont j'ai été auteur ou témoin, et pour ne rien omettre de ce qui doit faire juger les résultats, je donnerai connoissance de tous les moyens qui ont été employés pour y parvenir; mais je m'attacherai surtout à adapter à chaque circonstance, à chaque événement, toutes les réflexions morales qu'il pourra comporter. Lorsque j'aurai à montrer au lecteur le laurier de la victoire, je veux qu'il le voie toujours sanglant, et qu'il ne puisse ignorer que celui que l'on paye le moins*

*cher, coûte toujours trop à l'humanité, etc. etc.*
Quels sentimens dans un héros!

Le reste de la lettre a trait à une anecdote qui eut lieu pendant qu'il commandoit en chef l'armée de Hollande, entre lui et la femme la plus respectable. La publication n'en pourroit que faire honneur à cette dame; cependant il suffit que nous n'ayons pas son agrément, pour nous en abstenir. Nous avons toujours compté remettre cette lettre à M. l'abbé Pichegru, frère du géneral.

Il est inutile d'ajouter, pour ceux qui ont vécu avec le général Pichegru ( ils savent que, général en chef, il se servoit très-peu de secrétaire ), qu'une lettre amicale, écrite d'abondance et au sein de la retraite est toute de sa main.

(*e*) Le bastion n.º 2 n'est qu'un demi-bastion, le n.º 4, *idem.*

Les bastions et les demi-bastions étoient numérotés sur le terrain par de grands poteaux plantés au milieu; mais par une erreur, suite de ces bastions et demi-bastions, et qu'il y auroit eu au bout de quelque temps de l'inconvénient de rectifier, les numéros 1, 2, 3 et 4 sur le terrain, n'étoient pas les mêmes que sur nos plans ni que sur le croquis qui accompagne cette relation, savoir :

Sur le croquis
$\left\{\begin{array}{l}\text{Bastion n° 1 et 2. — B}^{on}\text{. n° 1.}\\ \text{Bastion n° 3. — B}^{on}\text{. n° 2.}\\ \text{Bastion n° 4. — B}^{ou}\text{. n° 3.}\\ \text{Bastion Orange. — B}^{on}\text{. n°. 4.}\end{array}\right\}$
sur le terrain.

Les autres bastions avoient les mêmes numéros
sur tous les plans, sur le croquis et sur le terrain.

Cette observation est essentielle, si jamais on
étoit tenté de confronter différens récits sur cette
même affaire; parce qu'il seroit possible que les
uns eussent rapporté, par exemple au bastion 3,
ce qu'un autre rapporteroit au bastion 4, quand
cependant les uns et les autres ne feroient que
raconter ce qui a eu lieu au même bastion.

(*f*) M. de Lowendal faisoit allusion à l'ingénieur Coehorn ( *Koe-horn, corne de vache*).

(*g*) Un officier supérieur français qui occupoit,
depuis plusieurs années, un emploi important sur
cette frontière, avoit sa résidence à Bréda. Il en
part à cette époque pour objet de service, comptant y être de retour dans deux fois vingt-quatre
heures, il part à cheval avec son domestique, et
laisse dans sa maison, à la garde d'une seule ser-
vante, sa voiture, ses effets, ses meubles, son ar-
genterie, enfin tout ce qui lui appartenoit; le lendemain la ville est évacuée par les Français, et,
dans la journée même, sa maison est occupée par
les Cosaques; mais avant qu'ils y entrassent, il
n'y restoit que les murs. Dans l'espace de deux
heures tout avoit disparu. On crut généralement, et
il crut lui-même pendant plusieurs mois que tout
avoit été pillé, quand au contraire tous les meubles et effets n'avoient été ainsi enlevés et disper-
sés, que pour les lui sauver et les lui rendre, à ce

point que son vin est peut-être le seul à Bréda, dont les Cosaques n'aient pas bu, et que sa voiture a été la seule de la ville qui, pendant cinq mois que le passage des alliés a duré, n'ait pas été mise en réquisition. Nous pourrions citer encore d'autres faits qui font autant d'honneur à l'hospitalité hollandoise; nour préférons celui-ci, parce la vérité nous en est encore plus particulièrement connue, puisqu'il nous concerne personnellement et que c'est une occasion d'en témoigner publiquement aux auteurs notre reconnoissance.

(*g*) Les journaux officiels ont dit dans le temps qu'il y avoit 5000 hommes de garnison; il y avoit en effet ordre d'y jeter ce nombre d'hommes qu'il n'y a pas eu moyen de compléter.

(*h*) Voici le résultat de cette revue :

|  | Hommes. |
|---|---|
| Une compagnie d'artillerie aux ordres du capitaine Denis. . . . . . . . . . . . . . | 79 |
| *Nota.* Il etoit nommé chef de bataillon, mais il n'avoit pas sa commission. |  |
| Une compagnie de canonniers vétérans. | 5o |
| Demi-compagnie de mineurs, sous les ordres du lieutenant Fontaine . . . . . . | 42 |
| Marins aux ordres du capitaine Codercq, lieutenant de vaisseau. . . . . . . . . . | 4oo |
| Bataillon du 12ᵉ de ligne, commandé par le chef de bataillon Baron . . . . . . . | 6oo |
|  | 1171 h. |

Hommes.

Ci-contre. . . 1171

Bataillon, du 17<sup>e</sup> de ligne, commandé parle capitaine Delaune. . . . . . . . . . 250

> *Nota.* La désertion étoit telle dans ce bataillon que, sans l'affaire du 8 au 9, il n'y seroit pas resté un homme.

Bataillon du 21<sup>e</sup> de ligne, commandé par le capitaine Lespez . . . . . . . . . . 274

> *Nota.* Il étoit nommé chef de bataillon, mais il n'avoit pas sa commission.

Bataillon du 51<sup>e</sup> de ligne, commandé par le chef de bataillon Lombart . . . . . 560

Six compagnies de vétérans. . . . . . . 300

TOTAL. . . . . 2555 h.

A cause d'une vingtaine de gendarmes commandés par le lieutenant Rouet, de quelques douaniers, de quelques hommes isolés, et afin d'être plutôt en dessus qu'en dessous, nous avons dit, 2700 hommes.

Le capitaine Barcelle étoit spécialement chargé de la défense de la porte de Steenberg et des fronts collatéraux; le capitaine Lempereux avoit le même commandement à la porte de Bréda; le capitaine Dourin à la porte d'Anvers, et le capitaine Million à la porte d'eau. Le capitaine Maupin, faisant aussi les fonctions d'adjudant de place, devoit se porter par tout où il y auroit le plus de danger, et s'y porta.

(*i*) Huit à dix jours avant le 8 mars, notre réserve d'artillerie mobile, y compris les caissons, étoit placée au grand bastion, n° 3, un de ceux précisément dont l'ennemi s'empara dès le commencement de l'action. Ayant quelques inquiétudes sur les habitans du port, nous ne voulûmes pas la laisser dans leur voisinage. Si elle y fût restée, l'ennemi s'en seroit emparé, et nous n'eussions pu nous défendre une demi-heure. A quoi tiennent les événemens militaires !

( *k* ) C'étoit le jour de naissance de S. A. S. le prince d'Orange, aujourd'hui S. M. le roi des Pays-Bas. Les Anglais lui avoient promis les clefs de Berg-op-Zoom pour bouquet.

( *l* ) Nous suivons l'ordre des attaques comme elles ont eu lieu réellement. Cette colonne - ci est désignée par le n°. 3 dans le rapport du général Graham, qui a suivi l'ordre du projet et non de l'exécution.

D'après ce même rapport, l'action ne devoit commencer qu'à dix heures et demie ; mais il n'étoit pas dix heures que nos gardes extérieures étoient déjà culbutées, et que l'ennemi étoit sur le pont dormant du corps de place.

Nous avons, après l'affaire, entendu des officiers anglais attribuer leur revers à la précipitation que cette colonne avoit mise à attaquer avant l'heure convenue. Mais puisque cette colonne étoit destinée, comme le dit le général en chef anglais, à détourner notre attention par une fausse attaque, elle l'a bien plus détournée par une attaque réelle en effet. Dès le premier moment, les principaux

officiers de la garnison s'y portèrent, et réunirent
contre, tous leurs moyens. Cette diversion favorisa
l'entrée de la seconde colonne, et fut aussi complète qu'elle l'auroit été trois quarts d'heure plus
tard.

Nos soldats non de service étoient depuis long-
temps couchés ; quant aux officiers, ils ne l'eussent
pas plus été à dix heures et demie qu'à neuf heures
et demie : le Gouverneur avoit en ce moment chez
lui une réunion d'officiers très-nombreuse ; tous ne
se retiroient habituellement que très-avant dans la
nuit.

( *m* ) Cette seconde attaque est, dans le rapport
anglais, la quatrième. Il paroît que l'attaque précipitée faite à la porte de Steenberg par la première
colonne, détermina celle-ci à hâter aussi son mouvement, car elle étoit entrée au quartier du port
avant dix heures et demie, heure convenue ; c'étoit
en effet l'heure la plus convenable pour cette co-
lonne-ci, ayant à profiter de la marée basse, qui
ne devoit être telle qu'aux environs de onze heures.
L'inconvénient d'avoir eu quelques pouces d'eau
de plus dans le Chenal, est le seul qui soit résulté
pour les assaillans d'avoir attaqué plutôt, puisqu'une demi-heure plus tard, ils n'auroient pu
assurément avoir un succès plus complet.

( *n* ) Ce fut une faute grave de nous défaire ainsi
à la fois de la plus grande partie de nos réserves.
La vérité est que nous courûmes à ce que nous
crûmes le plus pressé, et que nous finîmes par

n'avoir plus personne à opposer à l'ennemi un instant après.

( *o* ) Si le général Goore, arrivé à la porte d'Anvers, au lieu de la dépasser, pour se porter plus loin, s'y fût attaché avec tout son monde, il eût probablement baissé le pont-levis; il eût ensuite pris de revers, en venant par le pont dormant, la demi-lune, où nous n'avions qu'une foible garde, en eût aussi baissé le pont-levis, et celui de l'avancée, et eût fini par introduire dans la place le général Graham à la tête du reste de son armée.

Si même, sans se donner la peine d'ouvrir de portes, il eût de suite poursuivi notre garde surprise à la porte d'Anvers, il fût arrivé avec elle sur la place d'armes sans que, faute de monde, nous eussions pu nous y opposer. Privé du point central de nos opérations, nous eussions tous inévitablement fini par être pris en détail ou égorgés, malgré les chefs qui crioient : *Français, rendez-vous; il ne vous sera fait aucun mal.*

( *p* ) La glace de cet avant-fossé n'a jamais été brisée, parce que c'étoit inutile, puisqu'il n'y avoit qu'un blanc d'eau.

( *q* ) C'est milord Graham qui confirme que, contre son attente, les glaces se sont trouvées brisées, ce qui a retardé le mouvement de la quatrième colonne, et l'a obligée de changer de direction. D'un autre côté, la troisième colonne, guidée par le capitaine de Beer, avoit été arrêtée, à gauche de la porte de Bréda ( que le général anglais appelle la Porte-Neuve ), par la brisure des glaces, tandis que les généraux Goore et Skerret étoient entrés par le Chenal et le bassin du port, à marée basse. Ainsi, les glaces n'ont favorisé nulle part l'entrée de l'ennemi, tandis que le contraire a été dit à Berg-op-Zoom même, et répété avec affectation à Anvers et ailleurs, par des motifs trop petits pour trouver ici place.

Il n'étoit cependant pas impossible de franchir la cunette formée dans la glace de ces mêmes fossés. Il ne falloit que des madriers de quinze à seize pieds pour y jeter un pont; nous avons cru nous-mêmes qu'une partie de la première colonne anglaise avoit ainsi passé le fossé du front 1-2.

Mais il y avoit mieux, ou plutôt pire, c'est que cette cunette n'avoit, *au moment de l'attaque*, que trois à quatre pieds d'eau de profondeur, et qu'elle étoit par conséquent guéable, par la raison que sur la demande des habitans qui manquoient de farine, on leur avoit permis très-imprudemment de se servir de l'eau de ces mêmes fossés, pour faire aller un grand et beau moulin qui est dans l'intérieur de la ville, et qui ne va qu'à marée basse.

(*r*) Le rapport anglais semble attribuer l'insuccès de l'entreprise au retard occasionné par ce changement forcé de direction, qui fit que la quatrième colonne n'entra dans la ville que quand le général Goore avoit déjà effectué son mouvement à la porte d'Anvers. Mais si le général Goore n'eût pas déjà balayé le bastion Orange et les fronts collatéraux, le général Cooke auroit-il eu le bonheur d'y entrer, comme il l'a fait, sans éprouver la moindre résistance? Il est permis d'en douter. La garde du point par où il a pénétré, étoit confiée aux vétérans, qui, malgré le malheur qu'ils ont éprouvé, n'en étoient pas moins les troupes les plus aguerries de la garnison; il est probable que s'ils n'eussent pas été auparavant pris en flanc par le général Goore, ils auroient pu empêcher une escalade sur un point revêtu et couvert de canons, tous chargés à mitraille, et faire éprouver au général Cooke le sort de la première colonne à la porte de Steenberg, et celui de la troisième à la porte de Bréda.

( *s* ) C'étoit un spectacle affreux de voir l'état où étoient les prisonniers. La plupart étoient couverts de sang, et tous mouillés jusqu'aux épaules. Les uns brisoient leurs épées, d'autres s'arrachoient les cheveux. *Non*, disoient un grand nombre d'officiers, *les fastes de l'histoire anglaise ne présentent pas d'exemple d'un tel désastre.*

( *t* ) Lord Graham dit dans son rapport que ces mêmes troupes ( les gardes anglaises ) avoient beaucoup souffert, pendant la nuit, du feu des maisons. Nous n'avons pas tiré, pendant la nuit, un seul coup de fusil des maisons, par une raison bien simple, c'est que nous ne sommes entrés dans aucune, et c'est précisément ce qui a fait notre force. Il n'en est pas moins vrai que les gardes anglaises ont pu prendre, au milieu de la nuit, pour le feu des maisons, celui qui des remparts (tel que celui du front 12-13, en arrière des maisons de la droite du quai ), étoit dirigé sur elles avant le jour.

( *x* ) Craignant, quelque temps après, une nouvelle surprise de la part de l'armée hollandaise, et afin que ce belvédère, d'où tant des nôtres avoient été tués ou blessés, ne servît plus au même usage, nous le fîmes miner et sauter aux applaudissemens de la garnison.

( *y* ) Cette relation est assez détaillée pour que les militaires instruits puissent juger quelles ont été les causes du résultat. Ils auront observé que jamais plus de précautions n'ont été employées pour se garantir d'une surprise, et que cependant jamais surprise n'a été plus complète ; que l'insuccès des Anglais n'a pas tenu à ce qu'une colonne ait attaqué une demi - heure plutôt, puisque ce devoit être une fausse attaque qui, changée en réelle, a fait une grande diversion, ni à ce qu'une autre colonne ait attaqué une demi - heure plus tard, puisque l'essentiel étoit d'entrer en ville, et qu'elle y est entrée sans obstacle ; mais qu'ils auroient pu réussir si les généraux Goore et Skerret ne se fussent pas séparés dès leur arrivée au port, et si ensuite le général Goore eût pris une autre direction. Mais voici à notre avis des fautes plus graves : c'est d'avoir, sur le dire de quelques habitans, méprisé la foiblesse de leurs ennemis au point de n'avoir pris aucune précaution en cas

d'une vigoureuse résistance de leur part, et d'a-
voir, parce qu'ils étoient entrés en ville, cru à une
victoire complète, quand rien n'étoit encore dé-
cidé; c'est d'avoir souffert, dès leur entrée en ville,
que leurs soldats en grand nombre et quelques officiers, s'introduisissent dans les maisons pour y
faire tout autre chose que de se battre, tandis que
leurs camarades affrontoient à découvert, dans les
rues et sur les remparts comme en dehors, notre
mousqueterie et un déluge de mitraille. A la vérité
les Anglais qui étoient dans les maisons ont pris
part à différens combats, en nous fusillant par les
fenêtres; mais une fusillade de ce genre, bonne
pour une défense combinée, ne mène à rien dans
une attaque; or, il s'agissoit pour eux, dans le premier moment, d'attaquer et non de se défendre. Il
est sans doute impossible de mettre plus de vigueur
ni plus d'ensemble que les Anglais n'en ont mis dans
leurs premières attaques, ni ensuite plus d'opiniâ-
treté dans leurs défenses, mais sans ensemble, parce
qu'ils étoient coupés en deux par le bassin du port
et par les quais balayés par notre artillerie placée à
la fausse porte. Dans une telle position purement
défensive, ils devoient nécessairement succomber à
une attaque combinée qui réunissoit des forces ma-
jeures sur leur gauche (à notre droite), pour ensuite tourner leur droite et l'envelopper, et qui
opposoit ainsi successivement, pour les battre en
détail, le fort au foible, ce en quoi consiste tout
l'art de la guerre.

Quant à ceux (c'étoient principalement des Ecossais) qui, pris par le feu croisé de la place et du fort d'eau, n'ont pu s'échapper sur les côtés, à cause de la haute marée, c'est une de ces fatalités uniques que la prudence humaine ne pouvoit prévoir, et dont le courage de ceux qui en ont été les victimes ne pouvoit arrêter l'effet.

Les fautes de notre côté n'ont guère, surtout dans le commencement, été moins nombreuses, et quelques-unes ont été des crimes, tel que la lâcheté ou la trahison de ceux préposés à la garde du navire qui étoit embossé à l'entrée du Chenal. Mais la présence d'esprit du brave Gouverneur et des chefs de la garnison, la confiance et l'accord qui régnoient entre eux, la connoissance parfaite que nous avions tous des localités, la supériorité que nous donnoit sur les attaques extérieures et faites à découvert une immense artillerie abritée par les parapets des remparts, et sur les attaques intérieures notre artillerie légère, enfin la résolution de prendre à notre tour l'offensive, l'harmonie qui a régné dans la centralisation de nos moyens d'attaque, l'ensemble qui a présidé à cette mesure décisive, ont réparé toutes les fautes de détail, et ont prouvé qu'il y a dans une place de guerre peu de positions fâcheuses dont on ne puisse se tirer avec avantage, quand le sang-froid et l'intelligence se trouvent réunis à une volonté bien décidée de vaincre ou de mourir.

# CROQUIS DE LA PLACE DE BERG-OP-ZOOM.

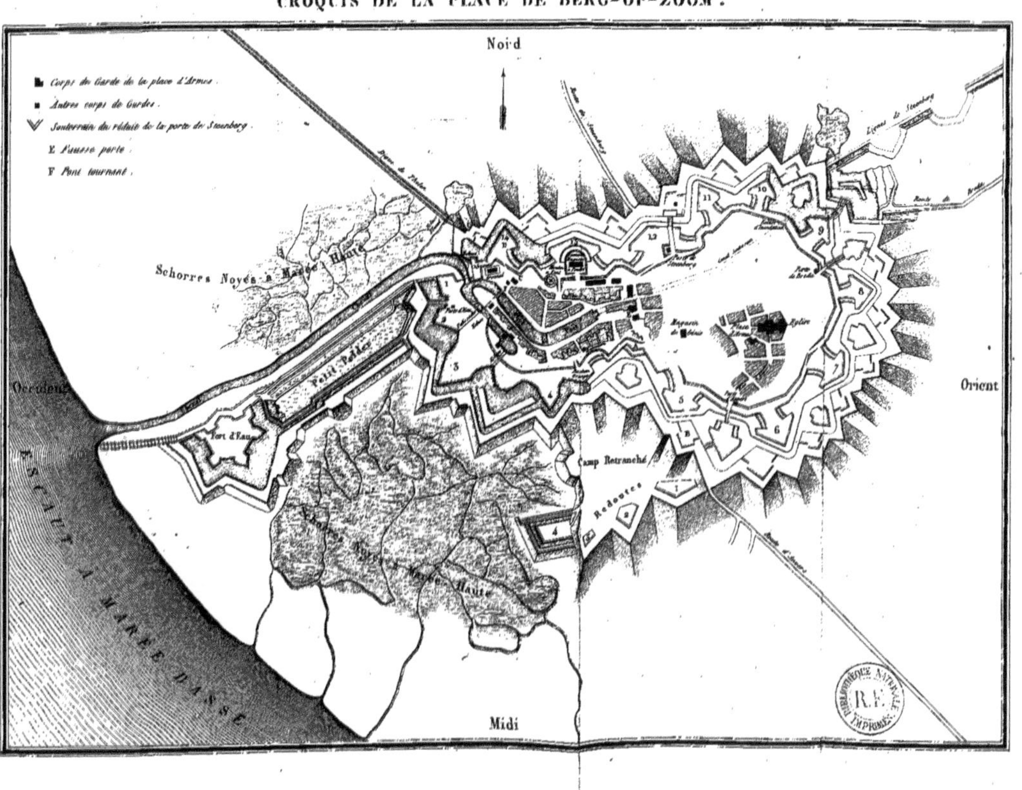

www.ingramcontent.com/pod-product-compliance
Ingram Content Group UK Ltd.
Pitfield, Milton Keynes, MK11 3LW, UK
UKHW022043070726
13613UKWH00002B/654